JN060550

保育の内容・方法を知る

◆編集委員◆民秋　言・小田　豊・栃尾　勲・無藤　隆・矢藤誠慈郎

新 保育
ライブラリ

子どもの健康と安全

加藤則子・菅井敏行　編著

北大路書房

新版に向けて　編集委員のことば

　本シリーズは，平成29年3月に幼稚園教育要領，保育所保育指針，幼保連携型認定こども園教育・保育要領，さらに小学校学習指導要領が改訂（改定）されたことを受けて，その趣旨に合うように「新　保育ライブラリ」を書き改めたものです。また，それに伴い，幼稚園教諭，小学校教諭，保育士などの養成課程のカリキュラムも変更されているので，そのテキストとして使えるように各巻の趣旨を改めてあります。もっとも，かなり好評を得て，養成課程のテキストとして使用していただいているので，その講義などに役立っているところはできる限り保持しつつ，新たな時代の動きに合うようにしました。

　今，保育・幼児教育を囲む制度は大きく変わりつつあります。すでに子ども・子育て支援制度ができ，そこに一部の私立幼稚園を除き，すべての保育（幼児教育）施設が属するようになりました。保育料の無償化が始まり，子育て支援に役立てるだけではなく，いわば「無償教育」として幼児期の施設での教育（乳幼児期の専門的教育を「幼児教育」と呼ぶことが増えている）を位置づけ，小学校以上の教育の土台として重視するようになりました。それに伴い，要領・指針の改訂（改定）では基本的に幼稚園・保育所・幼保連携型認定こども園で共通の教育を行うこととされています。小学校との接続も強化され，しかし小学校教育の準備ではなく，幼児期に育んだ力を小学校教育に生かすという方向でカリキュラムを進めることとなっています。

　保育者の研修の拡充も進んでいます。より多くの保育者が外部での研修を受けられるようにし，さらにそれがそれぞれの保育者のキャリア形成に役立つようにするとともに，園の保育実践の改善へとつながるようにする努力と工夫が進められています。全国の自治体で幼児教育センターといったものを作って，現場の保育者の研修の支援をするやり方も増えています。まさに保育の専門家として保育者を位置づけるのみならず，常に学び，高度化していく存在として捉えるように変わってきたのです。

　そのスタートは当然ながら，養成課程にあります。大学・短大・専門学校での養成の工夫もそれぞれの教育だけではなく，組織的に進め，さらに全国団体

でもその工夫を広げていこうとしています。

　そうすると，そこで使われるテキストも指導のための工夫をすることや授業に使いやすくすること，できる限り最近の制度上，また実践上，さらに研究上の進展を反映させていかねばなりません。

　今回の本シリーズの改訂はそれをこそ目指しているのです。初歩的なところを確実に押さえながら，高度な知見へと発展させていくこと，また必ず実践現場で働くということを視野に置いてそこに案内していくことです。そして学生のみならず，現場の保育者などの研修にも使えるようにすることにも努力しています。養成課程でのテキストとして使いやすいという特徴を継承しながら，保育実践の高度化に見合う内容にするよう各巻の編集者・著者は工夫を凝らしました。

　本シリーズはそのニーズに応えるために企画され，改訂されています（新カリキュラムに対応させ，新たにシリーズに加えた巻もあります）。中心となる編集委員4名（民秋，小田，矢藤，無藤）が全体の構成や個別の巻の編集に責任を持っています。なお，今回より，矢藤誠慈郎教授（和洋女子大学）に参加していただいています。

　改めて本シリーズの特徴を述べると，次の通りです。第一に，実践と理論を結びつけていることです。実践事例を豊富に入れ込んでいます。同時に，理論的な意味づけを明確にするようにしました。第二に，養成校の授業で使いやすくしていることです。授業の補助として，必要な情報を確実に盛り込み，学生にとって学びやすい材料や説明としています。第三に，上記に説明したような国の方針や施策，また社会情勢の変化やさらに研究の新たな知見に対応させ，現場の保育に生かせるよう工夫してあります。

　実際にテキストとして授業で使い，また参考書として読まれることを願っています。ご感想・ご意見を頂戴し次の改訂に生かしていきたいと思います。

　　　　　　　　　　2019年12月　　　編集委員を代表して　無藤　隆

はじめに

　かつてのわが国においては，乳児の重大な保健問題のひとつが，離乳期以降の栄養障害と肺炎や胃腸炎などの感染症であった。戦後わが国においては急速な経済発展とともに衛生状態が著しく向上し，住民の保健意識が向上し，法律や制度も整備され，乳児死亡率は先進国でも類を見ない速さで減少するなど，子どもとその家族の健康状態はかつてないほどに恵まれたものになった。これには，少子化とともにわが国における育児環境の変化，生活レベルの向上，経済の好転，医療の高度化，一般市民の保健知識の向上などが大きく貢献している。一般的な身体の健康が改善した分，事故による外傷等の防止が課題となり，また心の健康への対応の必要性の比重が増加してきている。

　生まれてきた子どもは，健康に育てなければならない。消極的に健康を守るというのでは不十分であり，積極的に健康を増進することに努めなければならない。健康な身体をつくり，豊かな心を養うことは，個人として幸せに生きていく力となると同時に社会の中で生き抜いていくのに必要な条件である。健全な身体発育と精神発達を図り，個人の生活や環境の中の生活を順調にし，積極的に健康づくりに取り組むことは，社会の責任でもある。

　子どもの健康増進を実践するにあたり，大切なことは子どもを理解することである。それぞれの個人を理解するとともに，全般として子どもの特徴を考えなければならない。そのためには乳児や幼児では自分の力だけでは生きていけないことに留意する必要がある。

　健康と安全を意識した保育にあたっては，子どもの育ちについて適切な認識を持っていることを，常に心がけていなければならない。子どもは成長する力を持っている。その力を妨げないように伴走するのが大人の役目である。たとえ何か健康などを害する状況が起こったとしても，子どもは生きていく力を持っているということを認識し，積極的に支援すべきである。また，成長する力と同様に，子どもはいろいろな可能性も持っているので，生まれ持った素質を生かして育てあげるように努めたい。さらに，子どもの将来を考えたい。子どもの育つそれぞれの時点は，次の場面へつながっている。現時点だけではなく，成人を目指して健全に成長していくように支援する。

子どもの健康と安全を考える上では，一人ひとりの子どもの特徴を良く把握したうえで，適切な環境を提供していく必要がある。生まれたときの体重が一人ひとり違い，顔つきがそれぞれ違うように，すべての子どもは個性を持っている。発育発達に関し何か基準を想定して，それに近づけようとする必要はない。あまりかけ離れているときは注意しなければならないが，発育には幅があり，性格には各自の特徴があることを心に留めておかなければならない。

　子どもの個性を尊重するために，良い環境づくりも考えたい。健康と安全に留意した保育を展開するうえで，家庭環境が好ましいと心強い。生活の基地といえる家庭環境は，家庭の雰囲気や親子関係によりつくられる。家庭は子どもが社会に出るための教育の場でもあり，幼児に良い生活習慣をつける場でもある。また家庭外の環境として，都市化が進むにつれて，遊び場所が少なくなり，自然環境に触れる機会が減少してきている。子どもを取り巻く環境を過去のものに戻すことはできないが，自然との接触を心掛けるようにしたい。

　子どもの健康と安全（演習・1単位）は，保育の場での健康と安全の推進に関する実践的な内容として，衛生管理や安全対策，体調不良への対応や応急処置，感染症対策，年少児や個別対応を必要とする児への対応，実施体制としての連携と協働等を扱う。いずれも現場の実践へ直結した知識と技能を養うための重要な事項である。

　子どもの健康と安全を実践していくためには，医学や看護に関する知識のみならず，連携のための仕組みづくりなど，多方面の素養が必要となる。そのために，現場を含め，幅広い分野からの分担執筆をお願いし，いずれも熱のこもった内容をご執筆くださった。この書物を通じて学ぶことにより，より良い資質を持った保育士が育ち，質の高い保育が提供されていくことを願う。

　出版にあたりお世話になった皆様方に深謝申し上げます。

2021 年 2 月　編者を代表して　加藤則子

もくじ

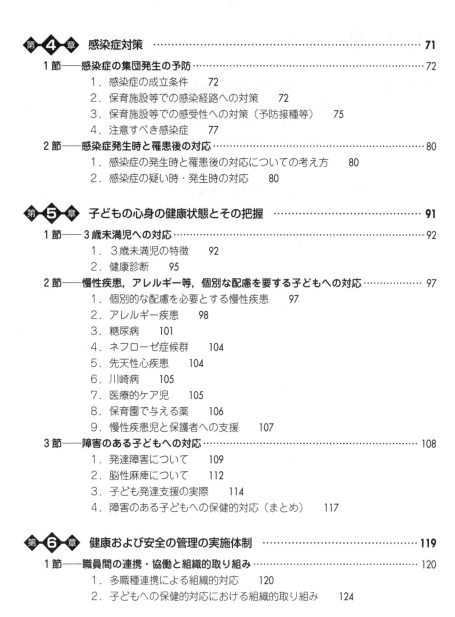

章扉写真提供：光林保育園（京都市）

第1章
保健的観点を踏まえた保育環境および援助

　子どもの健康と安全を学ぶにあたり，それが保育環境の中で，集団の中で，そして個別に，それぞれの観点からどのように確保していけるのかを概観する。環境の配慮によって感染症やアレルギーなどの健康障害を予防していくことにつなげられる。また事故を防止して安全を確保していくことも可能となる。保育所は子どもが集団で長時間過ごすという特性がある。健康と安全の確保は集団特性の中で考えていく必要がある。また，保育所で過ごす子どもの中には，健康と安全に関して個別の配慮を要する子どももいる。様々な切り口から保育における健康と安全を考える。

節 子どもの健康および安全の管理　環境・個別・集団対応

1 ── 保育所等に求められる環境

（1）物的環境と人的環境

　保育所保育指針では，保育所保育の目的を「入所する子どもの最善の利益を考慮し，その福祉を積極的に増進することに最もふさわしい生活の場でなければならない」と規定している。保育所の特性として養護と教育の一体的提供，専門性をもった職員による保育等，一人ひとりの子どもの発達に応じた関わりの重要性が明記されている。また，保護者支援，地域子育て支援をするものとして位置づけられており，これらの役割を果たすためには保育所に必要とされる物的環境の整備と，保育に関わる専門職（保育士・看護職等）の人的環境の充実が求められる。

　生活空間の認識ができない，あるいは保育者の指示が理解できないことが原因となって，子ども同士の関わりで待てないことや譲れないことなどが起き，トラブルや事故につながることもある。どの子どもにもわかりやすい保育環境を整えることは事故を防ぐことにもつながり，保育者にとっても安全な環境となる。

① **物的環境**

- 子どもの動き（動線）に配慮した保育室の設定（危険な物・不要な物は除去）
- 登所時・降所時の支度がスムーズに行えるレイアウト（行動の順番に）
- わかりやすい室内（シール・マーク等で示す）
  → 自分の持ち物がわかる，片づける場所がわかる，順番を待つ場所がわかる
- わかりやすい一日（絵カードで一日の流れを示す）
  → 装飾は必要最小限にとどめる（注意力をそらさないため）

② **人的環境**

- 子どもへの指示は簡潔に，わかりやすく，穏やかに話す
  → 説明が多く長い話はわかりにくい場合がある（絵カードの活用）

- たくさんの指示を一度に出さない（1回に1つの指示を出す）
- 待つ時間や，歯を磨く時間等をわかりやすく示す（水時計や砂時計の活用）
- できたことは小さなことでも褒める，感謝（ありがとう）を伝える

（2）温度環境

　乳幼児は体温調節が非常に未熟で，断熱効果があるとされる皮下脂肪も非常に少ないので夏の暑さにもまた冬の寒さにも，なかなか適応できない。したがって，冬の寒さや夏の暑さに対して，エアコンや加湿器などが必要となる。

　冬は室温 18〜22℃，湿度 50〜60％ 程度が適当とされている。また，夏では 28℃ が適温とされており，室温が 28℃ 以上では昼寝の際などには冷房も必要となる。なお，エアコン使用時など室温の測定は，子どもたちの頭の高さで測定する。

〈園児の熱中症の症状〉

- 少し歩いただけで，異常に多くの汗を流す。
- 顔が真っ赤に紅潮している。
- 動きが鈍くなり，フラフラして，だるそう。
- 顔色が青くなり，意識がもうろうとしている。

　このような症状が認められたら，涼しい所で休ませ，水分を補給する。熱中症による事故は，例年まだ園児の体が暑さに慣れていない 5〜6 月の急に暑くなった日に発生しやすくなる。気温 25℃，湿度 60％ を超えるような日の屋外活動には，保育所でも熱中症対策が必要である。夏の屋外活動はなるべく涼しい午前中に計画し，活動時間は 1 時間以内に短縮する。熱中症対策の基本は，活動の開始から終了まで子どもたちの状況をしっかり観察することで，特に太った子，運動の苦手な子，動作のゆっくりな子などには注意する。そして調子の悪い子は参加させず，また途中で調子が悪くなった子もすぐに涼しい所へ移送できる体制を整えておくことが大切である。

　水分の補給は，活動開始の前と後の補給が最も大切で，200 ml ずつ程度冷たい麦茶などがよい。こうすれば，30 分以内の活動では，のどの渇きを訴えた子に与える程度で水分は十分となる。ただし 30 分を超す活動の場合，15 分ごとに休憩を取り，その都度水分の補給を全員に行う。

（3）玩具の清潔

　清潔にする主な目的は感染予防である。乳児は，握り玩具に限らず，何でもしゃぶったりなめたりする。このしゃぶった玩具にウイルスや細菌がつき，唾液や手あかなどの汚れを恰好の養分として増えていく。そして，その玩具を別の子が使うことで，感染が広がる。菌が繁殖する条件には，湿度・栄養・水分などがある。繁殖させないためには，この条件のいずれかを取り除くことである。

　こうして考えると，玩具の清潔の第一歩は，玩具選びにあるといえる。繰り返し洗えるものがよい。使わせ方にも工夫するとよい。使う前の玩具と使った後の玩具は，別々の入れ物に入れるようにする。特に，口に入れる玩具は，別の子どもがまたすぐ口にすることがないように，その都度洗ったり，使用後の玩具入れに区別しておいて後で洗い，乾燥させる。

（4）食器

　家庭での食器の清潔を保護者に伝える場合は，以下のようにするとよい。離乳初期の４〜５か月頃は毎日洗剤でよく洗い，スプーンやこし器なども一緒に消毒する。そして，中期の離乳食が定着する頃からは，よく洗っていれば，毎回消毒しなくてもよい。洗った食器のすすぎ方・乾かし方・ふきんの扱い方にも注意する。洗剤を使ったら必ずよくすすぐこと，すすぎの最後に熱湯をかけ，乾燥機にかけて手早く乾燥させる。

　食器を拭くふきんは，乳幼児専用のものを用意し，使ったらその都度洗って乾かすようにする。洗った後でも長時間湿ったままにしておくのは，かえって細菌を繁殖させてしまう原因になるため，日光にあてるなどして早く乾かす。

　保育所などの集団給食で使用する食器類は，脂肪・でん粉などの残留がないように，すべてよく洗いよくすすぐことが基本である。

　まず，第一に食器類を洗浄するシンクを使用した場合はその都度必ず洗浄消毒する。集団施設で給食に使用する食器は，高熱に耐えられるメラニン製や強化磁器が多く使われるようになっている。食器に細かい傷があると見た目も悪く，残留物がつきやすく雑菌の温床になる。そのために，食器は５年程度で交換することが望ましい。

　食器は汚れや油分などを落とした後，熱風消毒保管庫を用いて消毒・乾燥さ

せ，熱風消毒保管庫に保管するか，清潔で扉が完全に閉まる棚に収納するのが基本である。

　最近は，食器洗いに食器洗浄器（90℃で1時間以上）を利用することも多い。この場合も，洗浄後，上記と同様に消毒・乾燥させ収納する。通常，集団給食では，ふきん，タオルなどは使用しないのが原則だが，やむをえずふきんなどを使用する場合は，必ずその都度，洗浄・殺菌し（100℃で5分間以上煮沸）よく乾燥させたものを用いる。

（5）タオルの清潔

　保育所で子どもに使うタオルには，食事の前後に使う口拭きタオル，手拭きタオル，プールやシャワー・沐浴等に使うバスタオルなどがある。用途から考えると，口拭きタオルは鼻やよだれがつき，手拭きタオルには汚れだけではなくウイルスや細菌など多くの雑菌が付着する。プールやシャワーなどに使うバスタオルには，傷などによる滲出液（しんしゅつえき）などが付着することも考えられる。これらのものは共同で使うことは避け，個人タオルにする。やむを得ず保育所のものを使わせた場合には消毒をしておく。

　特に感染症の流行がある場合や傷口から血液や滲出液が付着することが予想される場合には，使い捨てのガーゼやペーパータオルを使うようにする。

　タオルは，塩素消毒してから洗濯する。

（6）部屋（床）

　部屋は掃除をこまめにして清潔にする。窓をあけ換気しながら掃除機（乾式）で吸塵し，かたくしぼった雑巾などによる湿式の拭き取りをする。部屋を衛生的にするためには特別の方法があると思い込みがちだが，最近の院内感染対策や環境衛生からも明かになってきたように，日常の掃除が基本である。特に水拭きの雑巾がけのような湿式の拭き取りは，塵がとばないで除塵できる点から優れている。

　理想的な清掃状態にしていても人の出入りがあると再汚染が急速に進む。これは子どもたちが生活する保育室の床も同じなので，定時的に掃除をするようにする。掃除は，職員にとって楽であることも大切である。例えば1枚で雑巾がけをするのではなく何枚か用意してまとめ洗いしたり，モップ棒を利用して楽な姿勢で行うなど，合理的で職員の体に負担の少ない方法で行う。掃除用具

の衛生管理も大切である。その日使った雑巾は洗濯機などで洗い，陽に干しよく乾かす。掃除の経済性にも考慮するとよい。費用がかかりすぎては続けることが困難になる。

2 ── 体調を整えるための環境配慮

（1）体調不良児のための環境配慮

医務室（保健室）として機能させる場所を，事務所の一角などと兼用としている現状がある。インフルエンザや感染性胃腸炎など感染症流行時の隔離や体調不良児の対応のためにも適切な場所とは言いがたい。また，学校教育現場においては保健室と養護教諭の全校配置が法的に定められているのに対して，感染症に罹患しやすく，免疫力や体力も弱い乳幼児期の子どもたちの保育現場では看護職の配置は十分な状況ではない。養護のためには単に子どもが横になれる場所があればよいのではなく，保護者の迎えまでの間，ゆったりと安心して安全に過ごすスペースが必要である。子どもは病気だけでなく精神的な緊張や興奮，環境の変化でも体調を崩しやすい。病気やケガの折にやさしく手当てされた経験はその回復とともに辛さをがんばれた自信につながり他者への思いやりも育む。体調不良児の対応は大切な個別保育であると位置づけ，感染防止に配慮しながら丁寧な保育を心がけるべきであり，そのための物的・人的環境が求められる。

（2）感染症の予防

感染症はうつる病気であるが，その重要性は昔も今も変わりはない。医学が進歩した現在においても，原因となる病原微生物を死滅させる薬はなく，その増殖を抑えたり症状の緩和を図る薬での治療になるが，免疫力や体力の弱い低年齢児や基礎疾患をもつ子どもの場合は重症化する可能性も，命に関わる危険性もある。

こうした感染症を予防する1つの方法が，予防接種である。予防接種の目的は，感染症にかからないためのもの，あるいはかかっても重症化しないためのものである。予防接種というと，接種を受ける本人を守るためのようにも考えられがちだが，実際には，流行を防ぎ，子どもや高齢者，疾患などで免疫力が落ちている人，治療などのために予防接種ができない人を感染症から守る「社

会防衛」の意義が大きい。

　感染症のすべてに予防接種があるわけではなく，例えば，乳幼児期に日常的に発症している多くの感染症（溶連菌感染症，手足口病，咽頭結膜熱等）には予防接種はない。予防接種で防げる感染症は予防接種で防ぐこと，それが個人と集団，社会を守るために，最も基本的で確実な対策である。

　近年，子どもの感染症と思われていた「麻しん」や「風しん」の発症が，子どもよりも成人の親世代にあたる20〜40歳代に多く発症している。保育施設では保育者や保護者が感染症を外から持ち込んだり，保育施設から持ち出さない配慮が必要である。また，保育者は予防接種で防げる感染症である麻しん，風しん，流行性耳下腺炎（おたふくかぜ），水痘（水ぼうそう），B型肝炎，インフルエンザについては，確実に予防接種をしておくことが望まれる。

　保育施設内では清潔区域と不潔区域はきちんと分けて，日常の衛生管理と感染症発症時の切り替えや，終息時の切り替えを速やかに行うことが重要である（本書第4章を参照）。

（3）感染症予防のための環境整備

①日常的な留意事項

- 保育施設内では清潔区域と不潔区域を分けて，それぞれが交差しないよう適切な仕切りを設ける。
- 日常の標準予防策（スタンダードプレコーション）として，すべての湿性生体物（血液や体液）は感染性があるとみなして対応する方法を実施する。
  - →湿性生体物に触れるときには，必ず使い捨て手袋を使用する。
  - →手袋を外したあとには，流水と石けんによる手洗いをする。
  - →血液等が床にこぼれたら，手袋を着用し次亜塩素酸ナトリウムで消毒する。
- 感染症発症時には標準予防策に加えた感染症対策が実施できること。
  - →発症したことを職員と保護者に周知する。
  - →飛沫感染に対して「咳エチケット」を心がけ，接触感染予防のために手洗いと消毒は丁寧に実施する。
  - →感染性胃腸炎の発症時は，通常の排便処理に使用している使い捨て手袋に加えて，使い捨てエプロンとマスクを着用し手順に沿って処理す

る。汚れた衣類等は感染防止のため，ビニール袋に密閉して返却する。

・感染症流行が終息したら終息宣言を出し，日常の衛生管理に戻す。

②便

ポリオの予防接種後や特定の感染症とその完治後にも病原菌が排泄されるなど，感染症の状況が明らかになっており，便や嘔吐物は感染性があるものとして扱う。

オムツはできるだけ紙オムツにする。便のオムツ交換は，使い捨て手袋やお尻ナップを使い清潔に操作する。便とお尻ナップを紙オムツにくるみさらにビニール袋などに入れる。

布オムツの場合も，便に含まれるかもしれない病原菌を保育所で広げないために，保育所ではオムツを洗わなくてもよいよう，保護者との事前の協議や貸しオムツ業者との契約が必要である。便が床に飛び散ったり付着した場合は，使い捨て手袋を着用してペーパー等で汚れをぬぐい取った後，使い捨てのペーパータオル（または使い捨ての雑巾等）で水拭きする。その後，規定の塩素系消毒薬で消毒後再び水拭きする。

③嘔吐物

嘔吐物で汚れた園児のものは，使い捨て手袋を使用しビニール袋に入れ保護者に返却する。この場合も嘔吐物に含まれるかもしれない病原菌を保育所で広げないために保護者と事前に協議する。

嘔吐物が床に飛び散ったり付着した場合は，使い捨て手袋を着用してペーパー等で汚れをぬぐい取った後，使い捨てのペーパータオル（または使い捨ての雑巾等）で水拭きする。その後，規定の塩素系消毒薬で消毒後再び水拭きする。

④尿

尿も排泄物だが，健康な子どもの尿そのものは便や嘔吐物のような細菌感染はなく，通常の清潔な操作で処理する。

排泄直後の尿で床が汚れた場合はすぐに拭き取り，尿成分が残らないよう使い捨てのペーパータオル（または使い捨ての雑巾等）で水拭きする。

病原菌があると考えられる場合は，規定の塩素系消毒薬で消毒後水拭きする。

3——保育所の特性に根差した配慮

（1）保育所の特性と環境への配慮

　保育所等では，免疫力がまだ弱く体力も運動能力も未熟な低年齢の子どもたちが，集団で長い時間生活している。この時期の子どもたちの健康と安全を確保し，子どもの生命の保持と健康支援を継続するためには，「低年齢」「集団」「長時間」のキーワードが示す保育所の特性を考慮して，感染症や事故の正しい知識のもと，衛生的で安全な環境を整えることが大切である。環境設定においては物的環境と人的環境の観点から，日常と緊急時の双方を踏まえた具体的な整備をしていくことが重要である。

（2）ガイドラインに沿って環境を整える

　保育所の子どもたちの健康問題や事故予防に対応するため，「保育所におけるアレルギー対応ガイドライン（2019年改訂版）」，「保育所における食事の提供ガイドライン」(2012年)，「教育・保育施設等における事故防止及び事故発生時の対応のためのガイドライン」(2016年)，「保育所における感染症対策ガイドライン（2018年改訂版）」などが出されている。

　また，2017（平成29）年3月には「保育所保育指針」の改定が行われ，健康支援の充実に加え，地域のすべての子育て家庭を対象に，地域のニーズに応じた多様な子育て支援を充実させる拠点としての役割が保育所に期待されている。

（3）重大な事故を予防するための環境整備

　ここでは午睡，プール，食事について安全な環境づくりの方法を考える。

①午睡中：乳幼児突然死症候群（SIDS）や窒息

- 午睡中の睡眠チェックは「子どもの健康観察」ととらえて行う。
- 子どもを観察できる明るさの部屋で寝かせる。
- 寝かしつけからあおむけにし，医学的な理由で医師からの指示がある場合を除き，原則として午睡中はすべてあおむけ寝とする。
- 観察のポイントは，「観る」：顔の表情・身体の動き，「聴く」：呼吸音（ゼイゼイ・ヒューヒュー音の有無），「触れる」：身体に直接触れたときの，体熱感・発汗等。

②プール活動・水遊び：溺水・窒息

- 安全な環境基準（気温・水温等）の目安を職員で事前に話し合っておく。
- プールの指導者の他に監視者を置き，監視者は監視に専念する。
- 監視者は子どもの名前と顔がわかり，体調の観察ができるようにする。
- 監視者が確保できない場合はプール活動を中止し，保育内容を工夫する。
- プール前の健康チェックで体調不良と思われたら入水させず，保護者に報告する。

③食事中：誤嚥窒息，食物アレルギーの誤食

- 正しい姿勢で食事ができるよう，床にきちんと足底を着いて座位をとらせる。
- 食事の介助では子どもの意志に合ったタイミングで，子どもの口に合った量（スプーン1/2量）を与える。
- 自分で食べられる子どもでも，咀嚼・嚥下に注意しながら摂食状況を見守る。
- 笑いながら，泣きながら，眠りながらの食事や食事介助はしない（誤嚥の危険）。
- 除去食の安全確認は「声出し」「指さし」「ダブルチェック」を確実に行う。

研究課題

1．生活しやすい園内環境について，物的環境・人的環境の面からまとめてみよう。
2．育児環境の変化が保育にもたらす影響について考えてみよう。

推薦図書

- 『MINERVA 保育士等キャリアアップ研修テキスト5　保健衛生・安全対策』　小林美由紀（編著）　ミネルヴァ書房
- 『保育園における事故防止と安全保育』　田中哲郎　日本小児医事出版社

第2章
保育における健康および安全の管理

　子どもの健やかな成長は子どもの権利である。「子どもの権利条約」の4つの柱である，生きる権利，育つ権利，守られる権利，参加する権利を守るのは保育者の重要な責務である。子どもの健やかな成長と命を守るために，衛生管理と危機管理の重要性を示したい。本章では，保育現場における具体的な健康および安全の管理を学ぶ。また，実践において保育者自身の心身の健康の重要性も忘れてはならない。乳幼児期の事故には，成長段階にある子どもの身体機能や認知機能の発達と関係があるため，年齢ごとの発達の理解は不可欠である。また多様な家庭環境で育つ子どもたちの安全を守るためには，子ども一人ひとりと集団の視点での実践も忘れてはならない。大きな災害や園内への不審者侵入への備え，園外活動時の緊急時対応など，組織的に実行することで効果が高まることへの認識および取り組みが重要である。

1 ──保育における衛生管理とは何か

　子どもは日々成長し続けるが，心身ともに未熟であるため，自ら病気を予防することができず，また危険回避ができず事故に遭いやすい。事故につながるケガや病気を未然に防ぐことも保育活動である。また，自分自身で衛生管理ができない乳幼児が集団で過ごす園は感染症の広がる危険性が極めて高い。園は集団感染を起こしやすい場であることから，日常の衛生管理が子どもの健康を守る最も有効な方法となる。

　保育活動に支障をきたすことがないよう配慮しながら免疫力の弱い子どもたちが集団で過ごす保育室を衛生に保つためには，誰が，どの時間に清掃をするのかを決めておく。保育者の役割分担を日案，週案，月案に記し，年間指導計画や保健計画，安全計画の中に必要な清掃箇所や点検箇所を記しておくことで協働での保育実践の助けとなる。

　2018（平成30）年4月に施行された保育所保育指針と幼保連携型認定こども園教育保育要領の改定では，認定こども園教育保育要領で「健康及び安全」が新たに章立てされた。保育所保育指針には「健康及び安全」はもともと章立てされていたが，認定こども園教育保育要領とともに以下の内容に改定がなされた。

- アレルギー疾患を有する園児への対応や環境の整備
- 食育の推進における，保護者や地域，関係機関等との連携や協働
- 環境および衛生管理等における職員の衛生知識の向上
- 重大事故防止の対策等
- 災害への備えとして，施設・設備等の安全確保，災害発生時の対応や体制等地域の関係機関との連携

　経験年数や業種が異なる職員が協働し子どもの命と安全を守るために，組織的な対応が求められる。そのため体制整備を園内で標準化[*1]しておくことが望ましい。

＊1　標準化とは，利害関係者間における利便性や意思疎通を目的として，ものごとやことがらを統一したり，単純化，秩序化したりすること。

（1）衛生的な環境

　乳児期は特に何でもなめて確かめる時期のため，保育室や玩具の消毒・洗濯を重点的に行う。

　子どもが直接触れるものは洗濯しやすいものがよい。

①保育室は季節に合わせ適切な室温・湿度を保ち，換気を行う

　温度計・湿度計は各保育室に設置し適切な温度・湿度を保つ。夏は，室温26～28℃，冬は室温18～22℃，湿度は年間を通して60％が目安である。暖房中は乾燥するので特に湿度には注意しなくてはならない。換気は部屋の大きさや人数，活動内容に応じて調整し，室温や湿度調整をする。冷暖房機器・加湿器・除湿器等の清掃を定期的に行う。

②採光について

　自然光を取り入れることが望ましい。室内に自然光を取り入れることが困難な場合には，照明を薄い布等で遮るなど強い刺激を感じない工夫も必要である。

③手洗いと消毒について

　保育者の手指の清潔は石けんを使用し流水にて洗い，手拭きタオルの共有はさけ，可能であれば使い捨てのペーパータオルを使用するとよい。食事の準備やオムツ交換など保育活動中には手指の清潔を保つ場面が多いため，手洗い場が離れている場合には，その都度アルコール消毒やビニール手袋をするなどの対応が必要である。消毒薬を使用する場合は「保育所における感染症対策ガイドライン（2018年改訂版)」にのっとり適切な希釈方法で行うことが求められる。

④オムツ交換について

　オムツ交換は，手洗い場がある一定の場所を設定し行う。排泄物での感染防止のため，使用後はオムツ交換台を消毒するなど清潔を保つ。

　オムツ交換を行う職員は，必ず使い捨て手袋を使用し，オムツ交換終了後は，手洗いまたは手指の消毒をする。排便処理後は，その都度石けんで手洗いを行い手指の消毒をする。使用後のオムツは蓋つきの容器に保管する。使用後のオムツの保管場所が感染源とならないよう消毒する。

⑤トイレについて

　下痢・嘔吐時に感染源とならないように日々時間や回数を決め清掃する。月

齢に応じ，トイレ使用時にはトイレ用履物に履き替える。

⑥調乳について

　室内は清潔に保ち調乳室に殺菌灯がある場合は常時点灯させ，入室時には消してから入室する。入室する際は，清潔なエプロンを着用する。

　哺乳瓶や用具の殺菌消毒，煮沸消毒，薬品消毒をし，可能であれば殺菌庫への保管が望ましい。

⑦寝具について

　個別の寝具を使用する。定期的に洗濯や布団乾燥をして清潔を保つ。

⑧食事・おやつの配膳・下膳について

　保育者と子どもは，石けん手洗いを行い個人タオルまたは使い捨てのペーパータオルで手を拭く。配膳時にはエプロンや三角巾，マスクを着用し，配膳者の衛生と清潔を保つ。テーブルは清潔な台ふきんで水（湯）拭きをする。また，感染症流行時は消毒薬を使用してから配膳する。

　食後は，テーブル・椅子・床などに食べこぼしが残らないように清掃を欠かさない。

⑨調理従事者の衛生

　作業に入る前に入念な手洗いを行い，水気を取りアルコールで消毒する。手洗いは作業ごとに行う。手指に傷がある場合や体調不良時は，直接食品に触れない業務に変更する。調理室内では，白衣・三角巾（帽子）・マスクを着用し，トイレや調理室外では白衣を脱ぐなど調理室内を汚染させない。

⑩砂場の管理

　砂の中には様々な菌や寄生虫が発生する可能性がある。感染症の発生を防ぐためには定期的に掘り返し，砂を乾燥させ日光に当てる。寄生虫や細菌に感染し発病する要因を子ども側から考えることも重要である。それは砂遊びのルール（砂を食べない，投げない）と砂遊びの後の衛生習慣（手洗い，足洗い，うがい）である。活動中に子どもの尿がついたり，犬や猫の糞などを取り除いたりした場合は次亜塩素酸ナトリウムで消毒し乾燥させる。砂場を衛生的に保つとともに，定期的な衛生検査を行うとより確かな衛生環境が整う。

⑪プールについて

　水質管理をしっかり行い感染予防に努める。「遊泳用プールの衛生基準」（平

成19年5月28日付け健発第0528003号厚生労働省健康局長通知別添）に従い，遊離残留塩素濃度が0.4 mg/ℓから1.0 mg/ℓに保たれるよう毎時間水質検査を行い，濃度が低下している場合は消毒剤を追加するなど，適切に消毒する。プール遊びの前は，シャワー等流水で汗などの汚れを落としお尻洗いも行う。排泄が自立していない乳幼児のプール遊びは，水に尿や便が混入しやすいため，適切な水質管理とともに，個別にたらい等を使用するなどの配慮をする。

⑫害虫対策

日頃から食材の管理を徹底し害虫発生を防止するとともに，定期的に専門業者による検査と消毒を行う。

⑬血液の処理

出血している子どもの手当てをする場合は，血液が保育者の手に直接触れないよう手袋を着用し，清潔操作[*2]で行う。血液が付着した衣類や寝具は，ビニール手袋を着用して水洗いする。使用した洗い場は，ビニール手袋を着用した手に，手洗い用石けん等の洗剤をつけて全体を洗い，水で泡を流す。水気をペーパータオルで拭き取り，次亜塩素酸ナトリウム溶液または次亜塩素酸水で消毒する。血液のついた綿やティッシュなどは，汚染物としてビニール袋などに入れて捨てる。血液が床に落ちたらティッシュなど捨てられるもので拭き取り，水拭きして乾かす。必ず消毒する必要はないが，消毒するならウイルスにも有効なものにする。処置後は石けん手洗いを励行する。

⑭嘔吐物・下痢の処理

感染症流行時期には処理で使用するための次亜塩素酸ナトリウム溶液を適切な濃度にし，遮光密封して常設しておくと速やかに処理ができる。感染症が疑われる子どもは，保育室から離れ医務室で状態を観察して症状や体調の変化を記録しておく。

食事中に嘔吐する場合もある。その際は感染症の疑いをもち対処する。

嘔吐物で汚れた食器を調理室に返すのは感染拡大につながるため，園内での処理方法を決めておく。

---

*2　清潔操作とは，きれいな部分と汚れた部分を区別し，きれいな部分が汚れないようにすること。雑巾など湿式で拭き取る場合は一方向一面で行い，手が触れる面は常に清潔であるようにする。

（2）子どもへの教育

　手洗い等身の回りの清潔を保ち，その必要性を伝えていくことは重要な保育活動である。乳幼児期は生活習慣を身に着ける重要な時期であることから，身近な保育者の言動こそが教育的アプローチとなる。健康な体づくりのために，日常の生活習慣を大切に育む。

①手洗い・うがい

　正しい手洗い方法とうがいを励行して，感染予防に努める。手を洗う箇所や手順を歌詞にした唄などを作成して行うのはとても効果的である。ブクブクうがいは，口腔衛生にもなる。ガラガラうがいは，のどの奥まで水分を行き届かせることができる。ガラガラうがいとブクブクうがいを上手に活用する。

②鼻かみ

　鼻かみはこまめに行うが，鼻水が出ている感覚を不快に思えるように援助していく。片鼻ずつ押さえてかむ。子どもが援助に合わせてかんでいくうちに次第に一人でかめるようにする。鼻かみを援助した後，保育者は手洗いまたは手指の消毒をする。

③歯磨き

　虫歯を予防するには，歯磨き，うがいの習慣を身につけることが大切である。

　乳児期は唾液の分泌が多く虫歯になりにくいため，0～2歳児は園での歯磨きを行わない園もある。幼児は年齢や個々に応じた援助が求められるが，定期的な保育者による仕上げ磨きにて，口腔内の衛生面だけでなく歯の状態や噛み合わせの状態など，口腔内の状態を把握しておく。

　歯ブラシは熱湯消毒，日光消毒を日々行い，複数の歯ブラシが接触しないよう，歯ブラシホルダーなどで保管する。歯ブラシホルダーは，歯ブラシを保管する前にエタノールを噴霧して清潔に保つ。

④着替え

　子どもは新陳代謝が活発なため，必要に応じ着替えを行い，清潔にすることが心地よいと感じられる感覚が身につくようにする。衣類は身体を保護し，体温の安定を保つなど健康を維持する役割がある。

⑤咳エチケット

　咳やくしゃみを人に向けて発しないようにし，咳が出るときは，マスクやテ

図2-1 咳の飛沫距離の可視化

リボンの長さを飛沫距離の2mにしておき，実際にどのくらい飛ぶのかを可視化して示すと子どもにも理解しやすい。

ィッシュ，ハンカチ，袖で口や鼻を覆う，咳エチケット（第4章図4-1参照）を推奨する。

　咳やくしゃみをすると，どこまで菌やウイルスが飛沫するかを可視化（図2-1）すると子どもの理解の助けになる。

2 ── 職員の衛生知識の向上

　施設内外の環境の維持に努めるとともに，職員が清潔を保つことや職員の衛生知識の向上に努めることが重要である。「保育所における感染症対策ガイドライン（2018年改訂版）」より職員の具体的な対応を以下にあげる。

- 清潔な服装と頭髪を保つ。
- 爪は短く切る。
- 日々の体調管理を心がける。
- 保育中および保育前後には手洗いを徹底する。
- 咳等の呼吸器症状がみられる場合にはマスクを着用する。
- 発熱や咳，下痢，嘔吐がある場合には医療機関へ速やかに受診する。また，周りへの感染対策を実施する。
- 感染源となり得る物（尿，糞便，嘔吐物，血液等）の安全な処理方法を徹底する。
- 下痢や嘔吐の症状がある，または化膿創がある職員については，食物を直接取り扱うことを禁止する。
- 職員の予防接種歴および罹患歴を把握し，感受性がある者かどうかを確認

する。

（1）感染症についての知識

　感染症処理の手順の標準化を図り，緊急時にも適切に処理を行えるよう準備
をしておくと経験の浅い職員であっても感染防止をしながら処理を行うことが
できる。バケツの中に着用順に準備しておくと速やかに使用できる（図2-2）。

図2-2　感染症処理の準備

マスク・手袋2種類・ビニールエプロン・帽子・シューズカバー，その他バケツの中には，
嘔吐物処理のぼろ布（5枚ほど）やビニール袋などを入れておく。

（2）消毒について

　保育中に使用する消毒液は，正しく使用すれば感染を防ぎ，保育環境を清潔
に保つことができる。しかし，使用方法を誤れば子どもに有害なものにもなり
かねない。消毒液には，種類が複数あり，それぞれ用途や使用方法が異なる。
希釈や用法は，「保育所における感染症対策ガイドライン（2018年改訂版）」に
のっとり，正しい知識を身に着けることが求められる（第4章表4-1）。

3──保護者との連携

　体調不良で受診が必要な場合は，受診の際に必要な情報を保護者に伝えてお
く方法として，表2-1のような連絡票が有効である。熱はグラフにすること
で速やかに情報が得られること等嘱託医の指導のもとに作成した。保護者は経
過観察時の情報を知り，受診の判断をする上で参考となる。乳幼児期は，熱性
けいれんや憤怒けいれんなど急に「けいれん」を起こすことがある。保育現場
ではけいれんの原因を特定することはできないため，研修等でけいれんの種類

や対応を学び，対応フローチャートをつくり準備しておくとよい。けいれんの種類によっては，けいれん時の状態確認のため医師から連絡が入ることもある。受診時にけいれんチェック表（表2-2）があると，慌てることなく状況を伝えることができる。事前に保護者の了承を得ておきスマートフォンなどで動画を撮っておくことも医師に正確に伝える手段となる。

表2-1　連絡票

子どものけが・病気の様子　　園児名	（　　歳　　か月）
いつ？ いつから？	月　　　日（　　） 午前・午後　　　　時頃
どこで	室内　・　園庭　・　散歩先（　　　　）
どんな症状	40 39 38 37　　　　　　　　　　　　　　熱の様子 （　：　）（　：　）（　：　）（　：　） 　　　℃　　　　℃　　　　℃　　　　℃ 熱　・　咳　・　鼻水　・　嘔吐　・　下痢 腹痛　・　頭痛　・　傷　・　ケガ どこ？どんな様子？ 〔　　　　　　　　　　　　　　　　　〕
状態は	ずっと寝ている　・　ぐったりしている 元気　・　元気がない
機嫌は？	良い　・　悪い　・　普段と変わらない
食欲は？	昼食　（食べた・食べない・食欲なし） おやつ（食べた・食べない・食欲なし）
午睡	（　：　～　：　） 長い　・　いつもと変わらない　・　短い
伝えておきたいこと	

表2-2　けいれんチェック表

```
┌─────────────────────────────────────────┐
│  けいれんチェック表　　　　月　　日（　　）  │
│                                         │
│  園児名　　　　　　　　　（　歳　　か月）  │
│                                         │
│  今までのけいれんの有無　〔無・有　　回〕  │
│    けいれんの部位〔全身・部分的（部位　　）〕│
│    意識（呼びかけに反応）〔有・無〕        │
│    けいれん前の体温　　熱〔　：　，　℃〕   │
│                                         │
│  1回目　発症時間〔　：　　〕              │
│    けいれんしていた時間〔　分　　秒〕      │
│    けいれん後の体温〔　　℃〕             │
│    眼球の向き〔正面・白目をむいている〕     │
│    けいれんのかたち〔全身・一部（　　）〕   │
│              〔左右対称・片側〕           │
│              〔震え・硬直〕              │
│    けいれん後の回復状態〔入眠・嘔吐・意識回復〕│
│                                         │
│  2回目　発症時間〔　：　　〕              │
│    けいれんしていた時間〔　分　　秒〕      │
│    けいれん後の体温〔　　℃〕             │
│    眼球の向き〔正面・白目をむいている〕     │
│    けいれんのかたち〔全身・一部（　　）〕   │
│              〔左右対称・片側〕           │
│              〔震え・硬直〕              │
│    けいれん後の回復状態〔入眠・嘔吐・意識回復〕│
│                                         │
│  3回連続してけいれんを起こした場合は2枚目の用紙に│
│  記入                                   │
└─────────────────────────────────────────┘
```

4 ── 医療的ケア児

　2019（平成31）年3月「保育所における医療的ケア児受け入れに関するガイドライン」が策定された。近年，医療技術の進歩に伴い，日常生活上で医療的ケアを必要としている子どもの数は年々増えており，医療的ケア児の保育にニーズが高まっている。そうした中，2016（平成28）年5月には，児童福祉法が改正され，医療的ケア児への対応が市町村の責務として法に明記された。

　医療的ケア児の受け入れに関しては，より一層の衛生管理が必要である。医療的ケア児が地域で生活しかつ健やかな成長発達を保証できるよう，受け入れまでの園への市町村の支援や保育の質の担保の取り組みがこれから始まるところである。

5 ── 心の健康

　人を育てる，人が育つ場所は安心で安全な場所でなければならない。

　その場は誰かがつくってくれるのでなく，そこに集うすべての人でつくっていくことが，より良い環境につながると考えられる。職員の心の健康と，職員による心理的安全があってこそ，子どもたちの健康につながる衛生管理が行える。

 節 事故防止および安全対策　　　　　　　　　　　

1 ── 事故とは何か

　事故を防止するためには，職員一人ひとりがリスク[*3]の発見や予測できる力を高め，全職員が共通の認識をもって連携していくことが必要である。心身の発達が著しい乳幼児期は，月齢，発達状況に大きな差があり，一人ひとりに応じた丁寧な関わりや配慮が必要である。その上で集団生活における保育では，発達段階や特徴を把握した安全な保育環境をつくることが大事である。また，主体的な活動を大切にしつつ，遊びを通して子ども自ら危険を回避する力を身につけていくことの重要性にも留意する必要がある。児童の生命の保持および安全の確保は，保育所等の責務である。危機管理については本章3節に記す。

　事故防止および安全対策について，2018（平成30）年改訂保育所保育指針（第3章3(2)）には以下のように示されている。

> ア　保育中の事故防止のために，子どもの心身の状態等を踏まえつつ，施設内外の安全点検に努め，安全対策のために全職員の共通理解や体制づくりを図るとともに，家庭や地域の関係機関の協力の下に安全指導を行うこと。
> イ　事故防止の取組を行う際には，特に，睡眠中，プール活動・水遊び中，食事中等の場面では重大事故が発生しやすいことを踏まえ，子どもの主体的な活動を大切にしつつ，施設内外の環境の配慮や指導の工夫を行うなど，必要な対策を講じること。
> ウ　保育中の事故の発生に備え，施設内外の危険箇所の点検や訓練を実施するとともに，

[*3]　リスクとは，未だ発生していない危険をさし，危機とはすでに発生した事態をさす。危機管理とは，すでに起きた事故や事件に対して，そこから受けるダメージをなるべく減らそうという考え方である。

外部からの不審者等の侵入防止のための措置や訓練など不測の事態に備えて必要な対応を行うこと。

また，子どもの精神保健面における対応に留意すること。

（1）事故を未然に防ぐために

　子どもは遊びを通して，身体的・精神的・社会的に成長していく。しかし，子どもの行動は，判断力や安全に対する認識が未熟なために，様々なリスクを内包している。保育者は，子どもの発達，子ども一人ひとりを十分に理解するとともに，健全な発達を遂げるために必要な環境を整備し，いつでも事故が生じる可能性があることを念頭に置き，園全体で組織的に事故防止対策に取り組んでいくことが効果を上げる。また，保育中には様々なことが起きる。子ども同士のけんか，事故やケガ，その時々で臨機応変な対応が求められることの連続である。事故に備え，保育者の危険予知力を養うとともに，起きてしまった後の初期の対応で被害を最小限にする力も同様に養うことが求められる。

　2016（平成28）年3月には内閣府，文部科学省，厚生労働省より「教育・保育施設等における事故防止及び事故発生時のガイドライン」が示された。「事故防止のための取り組み―施設・事業者向け―」では，安全な教育・保育環境を確保するための配慮点等とし，子どもの年齢（発達とそれに伴う危険等），場所（保育室，園庭，トイレ，廊下などにおける危険等），活動内容（遊具遊びや活動に伴う危険等）に留意し，事故の発生防止に取り組むとされている。特に，睡眠中，プール活動・水遊び中，食事中の誤嚥，玩具等の誤嚥，食物アレルギーの場面については，重大事故が発生しやすいため注意事項を踏まえて対応すると記されている。

（2）教育・保育施設等における事故の現状

　教育・保育施設等[*4]では，残念ながら死亡事故などの重大事故[*5]が毎年発

[*4]　教育・保育施設等とは，以下の施設・事業をいう。認定こども園（幼保連携型，幼稚園型，保育所型，地方裁量型），幼稚園・認可保育所，小規模保育事業・家庭的保育事業，居宅訪問型保育事業・事業所内保育事業（認可），一時預かり事業・病児保育事業，子育て援助活動支援事業（ファミリー・サポート・センター事業），子育て短期支援事業（ショートステイ，トワイライトステイ），放課後児童健全育成事業（放課後児童クラブ），認可外保育施設（企業主導型保育施設，地方単独保育施設，その他の認可外保育施設），認可外の居宅訪問型保育事業。

[*5]　重大事故とは，死亡事故と治療に要する期間が30日以上の負傷等や疾病を伴う重篤な事故等をいう。

生している。

　2015（平成27）年6月より，教育・保育施設等で発生した事故情報について，内閣府ホームページ「特定教育・保育施設等における事故情報データベース」において公表している。その中で重大事故が発生しやすい場面として，睡眠中，プール活動・水遊び中，食事中の3場面があげられている。

2──安全な環境をつくる

　安全な環境を整えることは，とても大切なことだが，危ないことも経験させないと，子どもたちの危険回避力は育たない。子どもにも発達年齢に応じた，判断力や対処・対応力を育むことが大切である。

（1）子どもの安全を守るためのポイント

①子ども一人ひとりの特性を理解する。

②子どもは1つのものに注意が向くと，周りのものが目に入りにくくなる。

③子どもはものごとを単純にとらえ，先を見通す力が未熟である。

④子どもはその時々の体調や気分により行動が変わる。

⑤子どもは好奇心旺盛で，周囲の真似をしたり，試してみたりする。

⑥子どもは「危ない」とか「注意しなさい」という抽象的な言葉では理解が難しいため，行動を促すことができる具体的な言葉がけをする。

（2）子どもへの安全指導（安全教育）

①言葉で伝えるだけでなく，手本や見本を示し具体的に教える。

②子どもが理解できるまで，繰り返し行動をともにするなどして伝える。

③体調の変化やケガをしたらすぐに保育者に伝えるよう，日頃から教える。

（3）保護者への啓発・協力依頼

①子どもの健康情報の提供と，日々の子どもの状況・体調についての連絡を行う。

②乳幼児突然死症候群予防の啓発を行う。

③生活習慣形成の重要性の啓発と「早寝早起き朝ごはん」の実践依頼をする。

④身の回りの清潔および安全のため，手・足の爪は伸びたら切ってもらう。

⑤子どもの身体に合ったサイズの靴および衣服を用意し，体温調節可能な衣類にしてもらう。

⑥口の周りにアレルゲンとなる食べ物がついたまま登園しないようにしてもらう。

⑦自転車送迎時のヘルメット着用の啓発をする。

⑧自動車送迎時に適切に装着されたチャイルドシートの使用の啓発をする。

（4）保育環境整備

①日頃から危険箇所の環境整備を行い，安全に生活でき遊べるように努める。

②棚の扉にはストッパーをつけたり，転倒防止策を行う。

③落下する恐れのある物はないかを日々確認する。

④年齢に応じ，気道を塞がない大きさの玩具を使用する。

⑤遊ぶときは，フードや紐つきの衣服は危険を伴うので，着替える。

⑥ズボンの裾を引きずっていないか，乳児は靴下に滑り止めがついているか確かめる。

⑦保育者は子ども全体の遊びを把握できるよう，立ち位置に留意する。

⑧コンセント周辺はほこりが溜まると静電気を起こし発火する恐れがあるため，こまめに掃除をする。

3——重大事故が発生する3場面

（1）睡眠中

重大事故につながるため，睡眠状況をしっかりと確認する。子どもの寝つきや睡眠中の姿勢，顔色，呼吸の状態等をきめ細かく観察し，決められた時間ごとに記載をする。記録をとることが目的ではないため，書式は簡素が望ましい。0歳児は5分に1回，1歳児は10分に1回，呼吸チェックを行う園が多い。しかし，1歳を過ぎても睡眠中の事故は起きていることから，個々の発達に応じて行うことが求められる。また，0歳児，1歳児は発達に応じて異年齢で過ごす保育環境があることからクラス（学年）で分けると，複数のルールを示すことになるため，5分ごとの呼吸チェックを共通のルールにしておくこともリスク回避になる。

最近では呼吸をチェックする機械が開発されてきているが，全面的に機械に頼ってしまうことなく，目視や直接触れての呼吸確認は行う必要がある。子どもが眠りについたら，カーテンを開け，子どもの表情が見えるようにしておく

と，健康状態の変化に気付ける。また深い眠りにしないことも睡眠時の事故防止といわれている。布団が軟らかすぎていないか，適切な間隔を開けて敷いているか，掛け布団が顔にかかっていないか，周囲に玩具や物がないかなど，窒息につながる環境になっていないか気をつける。

　睡眠の環境は，十分に観察ができる明るさを確保すれば，口の中の食べ残しや異物，ミルクや食物の吐しゃ物がないか，顔色および唇の色の確認が行える。鼻や口の空気の流れや音の確認，呼吸に伴う胸郭の動きを直接触れて同時に体温の確認も行うなど，留意点を忘れない工夫をしておくと安心である。

（2）プール活動・水遊び

　子どもの大好きな活動だが，大きな危険が伴う。昨今では，プール活動・水遊びを廃止する園も出てきている。プール活動・水遊びを実施する場合は，開始時期前には会議や園内研修等で，危機管理のポイントおよび危険が生じた際の対応方法のポイントを押さえる。

　安全に楽しく活動するために，子どもの状況を見守る専任の保育者の配置，子どもと保育者の健康チェック，気温・水温管理と衛生管理，保育者数と活動の時間に余裕をもつなどを行うすべての条件が整わなければ中止にすることを，経験年数にかかわらず判断できる仕組みづくりも大切である。

①保護者への啓発・協力依頼

　日頃の健康観察の他に，プール活動・水遊び開始前までに，皮膚炎，耳や眼の疾患等子どもの健康状態や治療状況の情報提供の依頼をしておく。

②職員研修内容

- 見落としがちなリスクや注意すべきポイントについて
- 緊急時に備えた訓練，心肺蘇生・応急手当
- 子どもの発達に合った学年ごとの活動計画
- 事前準備（水張り，塩素測定，温度調整，熱中症対策）
- 準備体操
- 入水前のシャワーをかける順番
- プールサイドでの転倒防止策と子どもへの注意喚起
- プール活動前の人数確認・日誌への記入方法
- プール活動時の観点等

プール活動・水遊びに関しては，自分勝手な行動や職員間の認識のズレが事故を招く。互いの行動を理解し，緊急時には連携して対応できるようにマニュアルの整備が重要である（表2-3〜表2-6，図2-3）。

表2-3 プール活動・水遊び危機管理のポイント〈職員配置編〉

・原則，監視者＋指導者2名以上配置をする
（子どもの年齢により保育者配置人数を変更する）
・プール活動前日に翌日の配置確認をしておく
・見学児がいる場合，他クラスで保育の実施を調整する

表2-4 プール活動・水遊び危機管理のポイント〈準備編〉

・天気は，晴れ　もしくは　くもり
・強風が吹いていない
・気温は，25℃以上30℃以下である
・水深は，子どもの腰以下である
・気温25℃以上＋水温25℃以上＝50℃以上に達している

表2-5 プール活動・水遊び危機管理のポイント〈片付け編〉

・子どもが水の中にいる状態で，周囲の片づけ・プールの排水をしない
・排水をする前に，すべての子どもをプール外に出す（人数確認）
・子どもがプールの外に出た後，水中に子どもが残されていないか，水中に浮遊しているものがないか目視確認を行う
・排水開始前にプールの外にいる子どもに指導者がつく

表2-6 プール活動・水遊び危機管理のポイント〈監視者編〉

・入水する人数を保育者間で確認し合い，日誌に記入してから活動する
・監視者は入水せず，全体を監視する。監視中は指さし，声出し確認をする
・監視者は，監視中子どもから見て目印となるものを着用する
・監視中は，監視以外の仕事をしてはならない
・監視者がその場を離れなければならない時は，子どもをプールから出したあと，職務を引き継ぐ。プール日誌には変更後の監視者の名前を追加する
・監視者を立てられなかったり職員配置が困難な場合は，プール活動を中止とする
・監視者はホイッスルを常備し，子どもに注意喚起する時や非常事態発生時に使用する

図2-3　事務室内カメラ
プール活動中は防犯カメラでも監視する。

（3）食事中

　生活の中で食事は楽しい時間の１つであるが，食べ物による窒息事故は例年起きている。子どもの口腔内発達に合った食事の提供，咀嚼嚥下機能の学び，アレルギーの知識と適切な対応，誤嚥防止のための食事中の姿勢など事故を防ぐための取り組みは多岐にわたる。発達の差が著しい乳児期には，一人ひとりに合った環境を整えること，そして，保育者は子どもの食事中に決してその場を離れないことが重要である。また近年，アナフィラキシーショックを起こす重篤なアレルギーをもつ子どもたちが増えてきている。アレルギーをもつ子どもの情報共有と食器や誤食防止策としてトレイの色や形を変え，目で見える工夫も必要である。子どもは一人として同じ子はいないため，個々の発達や特性を理解し保育を振り返り，改善して実践する繰り返しである。例えば食事の場面では，一人ひとりに合った環境を整える。図2-4（左）は使用を重ねるとゴム紐がのび，足裏を床に着けなくなった。そこでゴム紐を改善し図2-4（右）

改善前　　　　　　　　　　　　　　　　改善後
図2-4　食事環境の工夫（１歳児クラスの例）

に変更した。食事は一生行う行為である。食べることが上手にできるようになることは生きていく上で大切なことである。そのため子どもの食事環境は食材の形態と同様に大切なことと考える。

（4）その他の保育活動　散歩などの園外活動

　散歩などの園外活動は，園庭では体験できない自然体験や社会の様々な文化や伝統に触れる直接的な体験ができる活動であり，学びの広がりや深みを増すことができる重要な活動である。そのため子どもの発達やその時々の子どもの状態を把握した上で指導計画を作成し，それに基づき行うことが求められる。園外活動を安全に行うためには，目的地と経路，移動時に起こりうることを予測した安全管理を保育者間で情報共有し，緊急事態発生時には園への連絡方法や，必要な対応ができるよう対策を講じておく。例えば目的地やコース，注意点などの情報の共有をするために散歩マップを作成するなど，園の環境に応じて様々な工夫ができる。散歩中の緊急事態発生時に，園から現地に向かう際に，行き違いにならないよう，出発前の散歩ルートの伝達や緊急事態発生時の連絡の際の発生場所の確認にも散歩マップを使用する（図2－5）。散歩中や散歩先では，常に子どもの人数や居場所を把握し，適宜人数確認を複数で行う。また公園などの固定遊具の状況確認，職員間の役割分担，遊び方を共有することも重要である。行方不明時に備え，園外活動前に子どもの写真を撮り衣服の記録とすることも有効な手立てである。散歩マップを事務室に掲示し，「毛虫大量

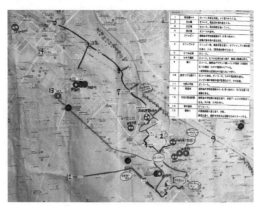

図2－5　散歩マップ

発生」「工事車両多い」等付箋を貼り園全体で情報を共有する。作成したら終わりでなく，散歩マップの見直しも定期的に行うとよい。

(5) その他の保育活動　園内活動

子どもは成長に伴い興味関心の広がりから，行動範囲も広がる。安全点検表の作成や，指導計画を作成して年齢に合った活動内容および定期的な点検箇所や点検事項を記しておくと具体的に行動に移せる。

(6) 職員研修

子どもの安全と健康を守る取り組みには，コミュニケーション力を高めることも大切なことである。また職業倫理観をもち，正しい保育理論や保健安全の知識の向上のために，継続的に学び続けられる仕組みをつくることは必要である。

①教育保育者の衛生管理の重要性

自分自身の健康管理を心がけ，普段から体調を整えておく。また自分自身の感染症の既往歴や予防接種の状況を把握しておく。

②緊急時の心肺蘇生法・救護法を身につける

ケガや感染症，アレルギー疾患に対応するために必要な知識と技術を習得する。エピペンや AED の使用は使用頻度が低く，経験を積み上げられないため，1年に1回は全職員が学べる機会がもてることが望ましい。アレルギーに関しては「保育所におけるアレルギー対応ガイドライン」が2019（平成31）年4月に改訂された。本ガイドラインを十分に活用し，施設長の責任のもとに全職員が子どもの健康および安全に関する共通認識を深め，アレルギー対応に組織的に取り組んでいくことが求められる。園では常日頃より保育に関わる様々なガイドラインや国からの通知事項の最新の情報を，職員間で共有し緊急時に対応できる周知の機会や研修を行うことが重要である。

③過去の事故から学ぶ

例1）　エプロンにボールペンの先が上向きで入ったまま，子どもを抱いていた保育者が子どもを下すときに子どもの太ももにペン先をひっかけてしまい，太ももから膝まで傷を負わせた。

例2）　道路に飛び出した子どもを止めようと子どもの手をつかんだ時に保育者の爪で子どもを傷つけた。

　重大事故ではないが防ぎたい，防げた事故は起きている。このような事故を検証し，改善していくプロセスを怠ってはならない。過去の事故やヒヤリハットを集めた園内のハザードマップづくりは情報共有だけでなく，自らの危機意識を高め危険予測力を高める大切な取り組みになる。

④ヒューマンエラーについて学ぶ

　ヒューマンエラーは事故に関する知識や理解不足，疲労や錯覚や思い込みで起きてしまう。しかし，防ごうとするあまりに禁止事項やルールが増えると，子どもも保育者も窮屈になってしまう。ヒューマンエラーが起こる要因を取り除くには，職場のコミュニケーションを円滑にし，互いに学び合える風土づくりも園にとって重要なことである。

（7）発達段階に応じた安全教育

　子ども自らが危険回避ができる能力を育むことも大切な保育活動である。3歳未満児は模倣の時期で周囲のことがらを真似したがる。周囲の大人の安全な行動こそ，子どもたちが生活を通して学び，やがて生活習慣となる。3歳児以降は言語理解も高まるため，生活や遊びの中で必要に応じ，言葉での伝達や交通安全や防犯教室などを通した体験の積み重ねをしていく（図2-6）。周囲の大人が同じ行動様式をもつことが大切であるため，園での取り組みや体験を家庭と共有し，子ども自らが自分の命を守れるよう連携を図ることが大切である。

図2-6　防犯訓練講義と実技（護身術）

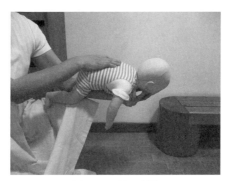

図2-7　ダミー人形

（8）保護者への啓発・協力依頼

　懇談会時を利用し，誤嚥対処法の訓練や乳幼児突然死症候群予防の啓発，子どもが身に着けるマフラーやカバン，フードや紐つきの衣類などでも事故につながる危険性を伝えることは家庭内での事故予防につながる。ダミー人形（図2-7）や，写真や動画などを使用して情報を可視化すると伝わりやすい。

3節 危機管理と災害の備え

1 ── 危機管理

　園での危機管理の目的は，子どもたちと職員の命を守り，子どもの心身ともに健やかな成長発達を保証する保育活動の実践を行うためである。

　事故は単一要因によって発生することは少なく，複雑に複合的な要因が絡んで発生する。事故を総括し，評価し，洞察を深めることで再発防止を図ることが重要である。再び同じ事故を繰り返さないためには，自園での事故の内容から学ぶことは不可欠である。また同年齢の子どもの事故は自園でも起こりうると考え，保育所などの施設や社会で起こった事故の把握にも心がける。

　人間は機械と異なり，どんなに集中して作業をしていても「誰でも間違える」ものとされている。特に，変化の少ない単純作業を長時間繰り返している中で，誰でも過ちを犯すものであり，これをヒューマンエラーと呼んでいる。

ヒューマンエラーの際には個人のやる気や態度を責めるのではなく，ヒューマンエラーを引き起こした背景を十分に分析して対策を立てることが再発防止や安全性の向上には重要と考えられる。事故後にとった改善策で改善がみられない場合は再度問題点を明らかにしてヒューマンエラーの点も見直し，再発防止策を再検討する必要がある。

（1）危機管理の流れ

①リスクの把握

　子どもの発達を熟知し，起こりうるリスクを予知し，園内や園外活動の危険箇所および危険行為を共有する。保護者対応においては受けつけ（訴え）内容を速やかに報告および職員に周知できる方法をとっておくとよい。また受けつけた内容が真の訴えか，真意は別にあるのかを担任保育者などの関係者で分析を行う。「ヒヤリハット記録」により全職員で危険，危機を周知し，事故に発展する可能性のあるケースを把握する。

　園内事故の報告や「教育・保育施設などにおける事故報告書」から予知される事故を把握する。

②分析・評価

　問題把握・対応すべき課題の要因を事故会議や職員会議などで分析し，評価する。

③対策の実行

　職員の動き，活動内容や物的環境の見直しを行い，改善策を実施する。様々な場面を想定した訓練を実施する。

④リスクの再評価

　防止策の状況を確認して，不十分な場合は再度検討会議をもつ必要がある。より専門性を高めるためや客観的見地での検証を行うため，園内で危機管理委員会を設置するなど，子どもの安全を守る再評価の場をもつことを検討していかなければならない。

（2）報告の重要性

①報告

　第一発見者の対応のあり方が，その後の明暗を分けるほどの大きな意味をもつ。ただし，現場を目撃し，その場を離れることができない場合や，事故の当

図2-8　緊急連絡の準備

プール活動・水遊びを実施する屋上に連絡手段がないため，出入り口の扉にスマートフォンを置いて緊急時の手段とした。

事者になってしまった，事故を目撃して冷静な対応ができない場合は直ちに周囲に伝える。周囲に伝えにくい環境があった場合にはすぐに改善していく（図2-8）。

②職員間でリスクの情報共有

「ヒヤリハット記録」で報告し，ヒヤリ，ハットしたインシデント[*6]を共有できるようにする。

③報告・連絡・相談「ほう・れん・そう」を常に心掛ける。

　見かけた状況をそのままにせず，インシデントであるかどうかと判断に迷った場合は「ヒヤリハット記録」に記入するなど，他者に伝えることを優先する。簡潔に書けるよう，誰が，いつ，どこで，何をした，どのような場面であったか，短時間で記入できるよう，用紙を職員室に掲示したり，各クラスに配付したりしておくなど環境を整えておくと情報収集と共有がしやすい。

（3）職務分担の明確化と協調性

　園は様々な職種の職務者により運営されている。事故防止には，自分の責任を果たすだけでなく，各職務間の協調体制が求められる。すべての職員が園児の人間形成に関わり，子どもの援助や親子関係の構築に関わることがたいへん重要である。各部署のリーダーはインシデントの定義が理解されているかどうかを部署内で常に確認し合えるようにする。「知っているはず」「わかっている

＊6　インシデントとは，重大事故に至る可能性がある事態が発生し，なおかつ実際には事故につながらなかった潜在的事例のことをさす。

だろう」と思う内容でもあえて言葉にして伝え，相手の理解を確認してリスクの共有を図り，協調性をもたせ，「……だろう」のまま行動しないことが大切である。

（4）書式を使用した報告

　例えば「受付票」「ヒヤリハット記録」「事故報告書」「子どもの記録（日誌）」「受診票」「修繕記録表」など，各園の実態に即した書式を作成しておく（表2-7）。

　アクシデントとは事故が起きてしまったこと，インシデントとはヒヤリ，ハッ

表2-7　受診票

受診票　　　年　　月　　日（　）	受診時間　　　：　～　　：	
受診決定者　　　　　　　　付添者		
園児名　　　　　　男・女　生年月日　平成　　年　　月　　日（　　才）		
身長　　cm　・　体重　　kg　・　血液型　　型 □アレルギーの有・無　　　□既往症		
自宅住所		
園児の状態	部位　　　　　状態	
発生時の状況	発生時間と状況　　　：	
	発見者　　　　　　　　　発見（事故）箇所	
健康保険証控	記号　　　番号　　　　被保険者名	
	取得年月日　平成・令和　　年　　月　　日	
	事業所名　　　保険者番号　　　保険者名	
保護者へ連絡 受診前 確認事項	連絡者　　　　　　　　連絡時間	
	□事故の報告　□受診機関の報告　□麻酔・縫合の確認 □薬を飲んでいるか　□2か月以内に予防接種を受けているか □保険証の持参の依頼	
	受診後の連絡先 TEL　　　　　　（父・母・祖父・祖母・他）	
受診 結果	診断名	
	程度	□治療不要　□通院必要（頻度　　） □自宅療養　□入院
	処置内容	
	与薬の有・無	
	家庭や園での処置	
	家庭や園での過ごし方・配慮点	
	食事や入浴	
受診機関名		所在地

トしたが大きな事故にならず，未然に防げたものなど，各園でわかりやすい定
義づけを行い，記入項目や記入例を作成しておくと記録の際に時間を要さない。

（5）具体的な内容

①保健に関わるもの…誤飲，誤嚥，ケガ，感染症による病気

②食事に関わるもの…アレルギー除去食などの誤食，異物の混入，食中毒

③子ども自身に関わるもの…転倒，転落，私物の紛失，私物の入れ間違い，

　引き渡しミス

④子どもの行為に関わるもの…子ども同士の不適切な関わり

⑤生活援助に関わるもの…日常生活援助

⑥接遇に関するもの…説明不足，接遇，待遇に関する苦情

⑦施設管理に関するもの…設備の故障，不備，施設管理事故

⑧その他

　　例）・園庭で転んですりむいた。→子どもの記録

　　　　・木戸をくぐり，とげがささった。→子どもの記録

　　　　・食事室の扉で子どもの指を挟みそうだった。→ヒヤリハット記録，

　　　　　修繕記録表

　　　　・行事について質問を受けた。→受付票

　　　　・駐車場で保護者間のトラブルを聞いた。→受付票

　　　　・便座が開いていてトイレの外鍵も開いていた。すぐにふたを閉め，

　　　　　鍵をかけた。子どもが転落するなどの事故に至らなかった。→ヒ

　　　　　ヤリハット記録

　　　　・園庭で頭を打った。→事故報告書，受診票

　　　　・子どもがトイレに入ってよじ登り，足を滑らせて便器に頭から落

　　　　　ちてしまった。→事故報告書

　　　　・子どもの手をひっぱり脱臼させてしまった。→事故報告書，受診

　　　　　票

ヒヤリハットの分析や事故防止や事故が起きた場合の検証のために，記録を
残すことは大切なことだが，記録し検証することは子どもの発達のプロセスを
考える機会となり，保育やそれに伴う環境整備を見直す機会になる。いかなる
報告書も記入することだけが目的ではないことを忘れてはいけない。

（6）危機管理に関する具体的活動

安全教育は職員が危険を予知することだけでなく，園児や保護者へも日頃の職員の言動により学ぶ環境をつくっていくことができる。子どもの発達・能力に応じた保育計画，保健安全計画の立案プロセスにおいても，職員の子どもへの理解，潜在危険への理解・把握を促すことができる。

応急手当，心肺蘇生法，不審者対応訓練や危機回避プログラムなどの研修は，職員のみで繰り返し実施することで，緊急時に役割分担して適切な行動をとれることにつながる。

（7）危機発生時の対応

危機が発生した場合は人命を最優先し，その後子どもや職員の安全の確保を図る。被害を最小限にするための応急措置など，初期対応の遅れが被害拡大につながるため，フロー図を作成するなどし，緊急時の対応方法や役割，緊急連絡先などを記しておくとよい。

（8）園長と危機管理責任者の役割

事故防止の観点から職場内，周辺の点検と問題点の確認，対応を決定する。

園長不在時のための代行や園長の補佐として危機管理責任者を任命しておくとよい。緊急時に迅速に行動するために，指揮権の順位を明確にしておくことも忘れてはならない。

（9）薬

園では医師の診断書に従い保護者に代わり与薬をする場合がある。薬の飲み忘れや，他児へ飲ませてしまうなど，健康被害への危険性がある。そのため，薬を預かる場合の受け取り者，薬の保管場所や与薬方法の確認と与薬者など，流れや役割を決めておくことが大切である。

（10）不審者侵入の備え

2001年6月8日，大阪教育大学附属池田小学校に刃物を持った男が乱入し，児童8人が死亡，教師を含む15人が重軽傷を負った痛ましい事件が発生した。これを機に教育現場や保育所等でも施錠の徹底，来園者の確認，樹木の剪定などが行われ，防犯訓練の必要性が強くなった。保育関連施設では2017年に認定こども園に刃物を持った男が侵入し，学童保育の小学生と指導員にケガをさせる事件が起きた。最近では多くの園でインターフォンにより来園者の確認後

図2-9　交通安全教室にて地域住民ボランティアによる紙芝居と警察官による講義

に，電子錠のロックを解除するシステムが導入されるようになってきた。

　園舎や園庭への外部からの出入口は1か所にして，終日施錠し，緊急時に備え全職員がホイッスルを携帯する。不審者侵入訓練が定期的に実施されるようになり，送迎者は登録者のみとするなど，園の立地や環境により様々な防犯対策がなされている。

（11）防犯および交通安全

　危機管理において，地域住民とコミュニケーションを図ることは大切である。交通安全や犯罪から子どもを守るためにも，地域の見守りは大きな助けとなる。日頃から挨拶や園の周辺を清掃し，駐輪駐車など交通の妨げにならないように心がけるなどの地域住民と顔の見える関係づくりは防犯上においても重要である（図2-9）。

2 ── 災害への備え

　災害はいつ起きるかわからない。日頃から準備する必要がある。

　保育中の災害は園や近隣の火災と台風や水害や地震などの自然災害が考えられる。2011年3月，東日本大震災では，地震発生の14時46分，園では午後食やおやつの準備が始まるクラス，お昼寝が終わり起き始めたクラスなど年齢ごとに異なった活動がされていた。寝起きの子どもたちは，上履きどころか靴下も履いておらず，避難に苦慮した。園を含む周辺地域が停電し，日が暮れると園庭に職員の車を入れ，車のライトで園舎を照らし子どもの恐怖心をやわらげたなど，様々な状況の中で各園が，今ある資源を最大限に使い，子どもと自分自身の身を守ったと報告されている。

　筆者が働く園では，揺れがおさまり各クラスに行くと，１歳児クラスの子がゼスチュアで体を揺らしその後にっこり微笑みガッツポーズをした。またテーブルの下に隠れたんだとゼスチュアで伝えてくる姿に，日頃の訓練の大切さを実感するとともに，子どもからもこの窮地を協力し乗り切ろうという気持ちが伝わってきた。公共交通機関は止まり，停電の中暗闇を何時間も歩き迎えに来る保護者もいた。引き渡しが翌日になったという園も多かった。そのため通所施設であっても備蓄の準備は必要である。東日本大震災を機にパジャマから衣服でのお昼寝の変更や３歳未満児クラスは非常用持ち出し袋に靴や靴下を入れておくなどの備えが追加された園が多い。

（１）災害時の心得

　園児の命を守ることは優先事項だが，同様に自分の命の安全も確保しなければならない，保育者自身が負傷をしてしまったら，子どもたちを守ることができなくなるからである。人数，安全確認を含む状況の情報収集を行い，指揮を執る職員に伝達する。冷静な判断と安全な行動をするため，可能な場合は負傷者救援や行方不明者の捜索は単独では行わないなど考えておくことも大切である。

（２）避難訓練

　天災や事故に備え緊急時の対応を園内で共通認識しておく必要がある。迅速に安全に子どもたちを避難させるには，日頃から様々な状況に合わせた避難訓練を計画し実施することが大切である。避難時にはどのような役割があるのかを認識しておくと，クラス担任外の職員が対応することができる。避難訓練を定期的に行うことで，実際の災害時に冷静な判断がしやすくなり，どのような指示をすれば子どもたちが理解しやすいのかを確認しておくことができる。また避難訓練により問題点を表面化させ，改善することができる。

　保護者には，災害時の連絡手段や方法や避難場所，災害時の引き渡しルールなどを明確にし，災害発生時の対応の理解を得ておく必要がある。

（３）訓練計画

　避難訓練年間計画に基づき，消火訓練を必ず取り入れて火災・地震を想定した避難訓練を行う。訓練では園長が担う隊長が不在であることを想定して代行を立てたり，時間の予告なしで実施したり様々な事態を想定した訓練内容を決

図 2 - 10　職員訓練

め，職員や年齢に応じて子どもたちにも目的を明確にした訓練を行い災害時に備えていく。また職員だけで行う訓練も必要である。発災直後から何が起こるか想定する訓練や時間ごとに何をすべきか，どのような事態が起こりうるかなど過去の事例を参考にシュミレーションして行うことは非常に有効である（図2 - 10）。

例)

〈想定A〉避難場所へ避難する

　8月頃　地震発生時間15：00　施設は複数亀裂が目視され倒壊の恐れあり。建物内に長時間残るのは危険と判断し，広域避難場所へ。1Fのみ備蓄品の搬出は可能とする。最終園児が保護者に引き渡されるまでは避難所で過ごす。

〈想定B〉施設で待機

　12月頃　地震発生時間15：00　揺れが長く続いたが，建物は安全と判断。すべての備品と備蓄が使用可能。

　職員だけで行う訓練を，全職員が集まる職員会議などの機会に年間で計画を立てておくとよい。

（4）避難経路・消火器

　日頃から園内の避難経路がふさがれていないか，自分自身から一番近くにある消火器の置き場はどこかを確認しておく。定期的に水消火器を使用した訓練を行い，使い方に慣れておくことで冷静に対処できる。

　避難場所への経路は実際に歩き，道幅や交通量，落下や建物崩壊による避難

図2-11　名札とアレルギーゼッケン
名札には園児の氏名を記入する。名札の色をクラスごとや乳児・幼児で分けておくと，
園関係者以外に救援を依頼する場合に役立つ。

の妨げになる場所の予測や確認を全職員で共有しておくことも重要である。

（5）非常用持ち出し袋（リュックタイプ）

　保育室，調理室，事務室，職員室等の持ち出しやすい場所に置いておく。点検日を決め，袋内の内容の点検，補充を行う。

　事務室からの持ち出しには，出席簿，住所，生年月日，健康記録などの園児の基本情報のほかエピペンなどのアレルギー緊急時対応の薬など，預かっている薬を忘れてはならない。そのため各部署内で持ち出しリストの作成をしておくとよい。

　避難中や避難所での子どもの行方不明に備え，名札（図2-11左）を持ち出し袋に入れておく。災害の混乱の中でアレルギーをもつ子どもたちの食事には気をつけなければならない。アレルギーをもつ印としてゼッケンを着用（図2-11右）するなど誰もがわかる方法をとることが重要である。ゼッケンは該当クラスの持ち出し袋に入れておく。万が一，クラス内の持ち出し袋が持ち出せない場合に備えて，事務室の持ち出し袋にも個人名を記入していないゼッケンの予備を入れておくとよい。

（6）備蓄品と管理

　家具の転倒や園舎の倒壊に備え，置き場を分散するとよい。非常用持ち出し袋と同様に定期的な点検が必要である。備蓄品の管理をする中で，誰でも置き場がわかるようにしておくことも大切である。図2-12のように，リストと置き場所の写真を合わせて表示しておくとわかりやすい。

点検日 2020.4.1

場所	種別	品名	量	期限または備考
○○組	食品	災害救助用ハーベスト （24枚入り・24食）	2缶	2020.7.16
		リッツS缶		2020.6
		味噌ラーメン　25食入り	4箱	2020.9.9
○○組	食具	プラ　コップ	317個 +20個	
		プラ　コップ　大	46個	
		紙　　コップ	16個 +12個	
		紙　　皿	6枚	
		割り箸	170膳	
		サランラップ	8個	
		プラスチックスプーン	45本+119本+90本	
園庭物置	水	水500 ㎖×24本	16箱	期限切れ　トイレ等に使用
		水2ℓ×12本	4箱	期限切れ　トイレ等に使用
		水1.5ℓ×8本	6箱	期限切れ　トイレ等に使用

園庭物置

（○○組保育室）

図2-12　備蓄品リストと収納場所

備蓄品と調理室のストック食材を使用した災害時防災食献立表の作成をしておくと，計画的に食材を使用できる。物資が届く間の使用可能食材の目安に役立つ。

（7）地域の関係機関との連携

災害発生時に連携や協力が必要となる関係機関の連絡先と日頃から連携強化をし，協力体制を構築しておく必要がある。大規模災害発生時には，園が被災したり，一時的に避難してきた地域住民を受け入れたり，乳児のいる家庭にオ

図 2 - 13　近隣園との合同訓練

ムツや，粉ミルクの提供を求められることも予測される。地域の実態を把握す
るためにも，地域自治会主催の防災訓練への参加や防災会議などに参加するこ
とで，互いに情報収集ができ円滑な支援や協力体勢につながると考える。また
近隣の保育所との合同訓練，互いの園の訓練体験や非常用持ち出し袋の見比べ
も，それぞれの園の対策改善への気付きになる（図 2 - 13）。

　安全は面倒なことの繰り返しと，その積み重ねの上にある。この程度ならい
いか，自分一人がやらなくても大丈夫かな，忙しいから後回しにしようという
安易な発想は事故を発生させ，被害を大きくする引き金となりかねない。保育
の現場では，自分の役割に責任をもち実行することが，子どもの命を守り，健
やかに成長できる安全な場を保証することを決して忘れてはいけない。

研究課題

1．子どもの年齢に応じた事故の違いを調べてみよう。
2．数点の玩具を選び，対象年齢に応じた遊び方を考え，安全に遊ぶための留意事項も考え
　てみよう。
3．身近な場所で，乳幼児にとっての危険個所を調べ，なぜ危険なのかを考えてみよう。

推薦図書

● 『保育救命―保育者のための安心安全ガイド』　遠藤登　メイト
● 『保育・教育施設における事故予防の実践』　西田佳史・山中龍宏　中央法規出版
● 『保育者のための防災ハンドブック』　国崎信江　ひかりのくに

第3章
子どもの体調不良等に対する適切な対応

　　乳幼児は病気に対する抵抗力が弱く，症状が急激に悪化する一方で，回復も比較的早いという特徴をもつ。また，子どもは不快や痛みを言葉でうまく表現できないので，日頃から全身状態の観察を行うことが必要である。体調不良の子どもは，安静保持などの生活の制限，環境の変化によるストレスを生じることが考えられる。こうした子どもにとって，成長・発達に応じたニーズを満たすケアが提供されなければならない。

　　また，保育の現場では，乳幼児の主体的な活動を尊重しながら，発達を促す支援を行う。そのため，事故防止や安全対策は重要であるが，あらゆる場面で事故が発生する可能性がある。事故の発生によってケガをした子どもにとって，早期に異常が発見され，適切な処置が施されることが，重症化を防いで回復を早めることにつながる。病気や傷害によって，成長・発達が妨げられることのないように支援し，子どもの心身の発達や生活の質の向上につなげることが必要である。

1節　体調不良や傷害が発生した場合の対応

　子どもの健康状態に異常や変化がみられた場合は，速やかに適切な対応をすることが必要である。子どもへのケアなどの対応はもちろんのこと，医療機関を受診すべきか，救急車を要請すべきかどうかについて，保育者間で判断できるように体制を整えておきたい。

1──保育中の子どもの体調不良

（1）体調不良の子どもの特徴

　体調不良の子どもは，不機嫌で活気がなく，顔色が悪く，食欲不振があることが多い。また，だるさや痛み，気持ちの悪さなどを抱えていることもある。さらに，睡眠中に泣いて目覚める，何事に対してもぐずる，拒否的になるなど，ストレスが強い状態にある。特に乳幼児では，体調がすぐれないときは家族と離れている不安が一層強くなり，抱っこをせがむなど保育者に甘えてくる行動がみられることが多い。

（2）日頃からの健康観察の必要性

　保育者は，子どもの健康状態や行動の特徴などの発達状況を把握しておくことで，いつもと違う変化に気付きやすくなる。普段から，子どもの機嫌や活気，表情や顔色，言動，遊んでいる様子，泣いているときの状態，食事摂取量や食欲，皮膚の状態などを複数の保育者で観察する。少しでも普段の様子と異なるときには，子どもの体温や呼吸，脈拍といったバイタルサインを測定する。さらに，意識状態，顔や口唇の色，指先の冷感，痛みの有無など全身の観察を行う。また，子どもは環境による影響を受けやすいので，室温や湿度，衣服や掛け布団などが適切かどうか確認する。症状の有無だけでなく，子どもの不安や寂しさなどにも気付けるように心身の状態を注意深く観察することが重要である。

（3）体調不良の子どもへの対応

　体調不良の子どもには，子どもの気持ちに共感し，寄り添い，丁寧に言葉かけをして安心感を与えられるように配慮する。しっかりと抱きしめたり，背中をさすったりとスキンシップを図ることで甘えを受けとめ，苦痛や不安を軽減

する。また，生活の援助では，発達段階とともに病状を考慮した支援を行う。可能な限り，安静を保持しながらできる絵本の読み聞かせや静かに遊べる玩具などを用い，遊びの援助を工夫する。子どもにとって，ストレスに対処できる力を引き出すような関わりが求められる。一人ひとりの子どもの個別の状態や対応の仕方などについて理解を深め，保育者間で共有することが必要である。

　保護者が来るまでの間，医務室など静かな場所に移動させ，横に寝かせて安静を保ち，掛け布団などで保温する。常に，子どもの状態を注意深く観察するとともに，子どもの症状に応じたケアを行う。また，何らかの感染症が疑われることもあるので，発熱や発しんの有無など全身の観察を行い，必要に応じて別室での保育を検討する。症状の増悪や二次感染を起こさないよう厳重な注意を怠らないことが求められる。

（4）医療機関の受診における留意点

　脱水症，呼吸困難，けいれんといった症状がみられたときは，直ちに医療機関を受診する。ぐったりして表情や反応が乏しく，手足の動きが少なくなり，筋力がだらんと低下しているような場合は注意を要する。それ以外の症状が出現した場合にも，必要に応じて医療機関を受診する。その場合，症状出現前の状況，発熱の推移，機嫌や意識状態，食事や排泄，睡眠の状況，嘔吐物や便の性状・量などを観察しておき，受診までの子どもの病状の変化など経過を細かく記録したものを持参するとよい。このような情報は，診断や治療方針の決定などの手がかりとなることがある。

（5）保護者との連携

　子どもの体調不良時は，保護者に連絡し，連携をとりながら対応策を考える。保育中の体調不良の場合には，子どもの状態を速やかに保護者に連絡し，迎えに来てもらうことが望ましい。必要に応じて受診する際は，保護者の了承を得ておくが，緊急性の高い状態ではその限りではない。

　体調不良の子どもは，登園時に親から離れず機嫌が悪いことが多いので，保育者は，保護者から子どもの家庭での様子について情報収集しておく。保育中の子どもの状態や実施した処置などについて，送迎時に細かく保護者に伝える。保護者と保育者は，家庭と園における症状の経過や生活の変化を互いに把握できるようにする。また，保護者との連絡を密にし，保護者の不安を軽減できる

ように支援を行う。

　保育者には，家庭で行う観察のポイントや適切な対応について，保護者に対する教育的な関わりが求められる。家庭で実施しやすい方法についてともに考え，保護者の気持ちを受けとめながら支援することが求められる。継続して子どもをケアしていくことが必要なため，常に保護者をねぎらい，励まし，支えていけるよう努める。子どもが健康で安全な生活を送るために保護者と協力しながら，連携を図ることが必要である。

2──体調不良が発生したときの対応

（1）発熱

　発熱は，脳の視床下部にある体温調節中枢が何らかの原因によって刺激されることで生じる。小児は，体温調節機能が十分に発達していないことから，環境の変化による影響を受けやすい。衣服の着せすぎなどによる体温上昇のほか，環境温による低体温などの変化をきたしやすいので注意する。小児の体温は成人よりやや高く，腋窩温で37.5℃以上を微熱とし，医学的には38.0℃以上が発熱とされ，高温であることが必ずしも重症度とは関係しない。あらかじめ子どもの平熱を把握しておき，発熱後も熱の推移などを注意深く観察する。発熱の主な原因は感染症であることが多いため，機嫌や活気，顔色や表情，食欲のほか，下痢・嘔吐，発しん，咳などの有無といった随伴症状の観察を行うことが重要となる。感染症が疑われる場合，他の子どもとの接触を避け，直ちに別室に移動させる。乳幼児の特徴として，発熱が続くことで脱水を起こしやすい。また，急激な体温の上昇によって，熱性けいれんを起こしやすいことにも注意を要する。

〈対応のポイント〉（図3-1）

　①発熱時には体力の消耗を防ぐため，安静を保つ。

　②感染症が疑われる場合，別室に移動させる。

　③室内の気温や湿度，掛け布団など環境調整を行う。

　④手足の指先が冷たくなり，寒気がある場合などは，掛毛布，湯たんぽなどで保温する。

　⑤熱が上がりきると悪寒がおさまるので，手足があたたかくなって暑がると

体温が上昇している時

・環境調整
・保温
・安静を保つ
・楽な体位をとる
・水分補給

高体温を維持している時

・環境調整
・水分補給
・必要に応じて，クーリング
・解熱時，着替えなど清潔に
　保つ

図3-1　発熱の状況による対応

きは保温をやめ，薄着にして涼しくする。

⑥氷枕などで頭部を冷やすクーリングは，子どもが嫌がらなければ症状を緩和するために用いられる。

⑦汗をかいているときは，冷えないように身体を拭いて着替えを行い，皮膚の清潔を保つ。

⑧脱水に注意し，子ども用の経口補水液などで水分補給を促す。

⑨食欲がある場合は，消化の良い食物を摂取させる。

　乳児（特に生後3か月未満）の発熱の場合や，ぐったりして起き上がる元気もないとき，表情がうつろでウトウトしているようなとき，泣き方が極端に弱々しいとき，呼吸が苦しそうなとき，水分を摂れず半日以上尿が出ていないときなどは直ちに医療機関を受診する。

【熱性けいれん】

　主に生後6〜60か月までの乳幼児は，38.0℃以上の発熱に伴って全身性のけいれんを起こすことがあるので注意を要する。過去に起こしたことのある子どもでは，けいれんの前ぶれの症状の有無などを注意深く観察する。なお，抗けいれん剤や解熱剤の使用は，通常の保育現場では，医師の指示に従って行われる（本項（6）を参照）。

（2）咳，呼吸困難

　咳が続くとき，子どもは体力を消耗し，たいへんな苦痛を伴うものである。主に，上気道炎など風邪によるものが多いが，気管支炎，気管支喘息，喘息様気管支炎，仮性クループ，百日咳などで咳がみられる。呼吸状態，どのような咳をしているか，咳の頻度や出現しやすい時間帯，痰を出せているかなどを観察する。喘息では息を吸うときより呼気の方が長くなる。息苦しさ（呼吸困難）を伴うなど呼吸状態の悪化を起こさないよう十分な観察を行う。呼吸が速く，苦しそうに肩を上下させる呼吸や小鼻をピクピクさせる呼吸，みぞおちやのどが陥没する呼吸の有無を観察する。また，異物誤飲により急に咳込み，呼吸困難を起こすこともあるので注意を要する。

〈対応のポイント〉（図3-2）

①室内の換気や気温・湿度，掛け布団などの環境調整を行う。必要に応じて保温や加湿をし，特に冬場など乾燥に注意する。

②咳き込んだときは前かがみの姿勢をとらせ，背中をさする。

③午睡中は，上半身を高くして呼吸をするなど楽な姿勢を工夫する。

④のどがゼイゼイいう喘息の発作では，水分補給により症状が軽減するので，子どもの状態をみながら，少量の湯ざまし，お茶等を頻回に摂らせるようにする。

⑤動いただけで咳込むこともあるので，その場合は呼吸の状態が落ち着くまで安静を保つ。症状が改善しないときは，医療機関を受診する。急に顔色や口唇の色が悪くなり，息苦しそうにしている場合は救急車を呼ぶ。

図3-2　咳や呼吸困難のときの対応（鈴木ら，2012より作成）

（3）嘔吐

　乳児の胃は成人に比べてくびれが少なく，噴門部が未発達なため嘔吐しやすい。嘔吐が一時的なもので活気や食欲があるようなら，様子を見るだけでよい。嘔吐は子どもにとって気持ちの悪いものであり，身体的にも精神的にも苦痛が大きいものである。主な原因としては，消化不良や感染性の胃腸炎であることが多い。吐き気の有無，繰り返し嘔吐しないか，嘔吐物の性状や回数を観察する。

〈対応のポイント〉

①嘔吐物が気管に入らないように速やかに顔を横に向け，洗面器などを準備する。

②嘔吐のきっかけが何であったか確認し，感染症が疑われる場合は，別室に移動させ，安静を保つ。

③体を横向きにして寝かせて，嘔吐物による誤嚥・窒息防止に努める。

④顔や上肢を清拭し，うがいをさせて口腔内の嘔吐物を除去する。うがいのできない子どもの場合は，刺激で嘔吐を誘発しないように注意しながら，口腔内の嘔吐物を丁寧に取り除く。

⑤嘔吐物で汚れた場合は，衣服の交換を行い，清潔を保つ。

⑥応援の保育者を呼び，速やかに嘔吐物を覆い，他の子どもたちを別室に移動させる。

⑦嘔吐物の処理には十分に留意し，感染予防のため必ずマスクと手袋，使い捨てのエプロンを着用して行い，適切に処理する。オムツや拭き取りに使用したものは，ビニール袋に密閉して廃棄し，床などは希釈した次亜塩素酸ナトリウムを用いて拭き取るようにする。処理にあたった保育者自身も十分な手洗いを行うようにする（詳細については，本書第4章を参照）。

⑧その後，吐き気がなければ，経口補水液などを少量ずつ摂取させ水分補給する。嘔吐が続く場合は無理に摂取させないようにする。下痢と嘔吐が続き，水分が摂取できず，意識がもうろうとしているときは，医療機関を受診する。

【頭部の打撲後の嘔吐】

　頭部を打撲した後に嘔吐したときは，窒息防止のため横向きに寝かせて救急

車を要請する。

（4）下痢

　子どもが腹痛を訴えるときは他の症状がある場合が多く，特に幼児期は心理的要因により，症状が出現しやすい。下痢とは，食物が腸で十分に消化吸収されず，便が水分の多い状態で排泄されることをいう。下痢が続くと体力を消耗し，水分や電解質のバランスを保てなくなる。感冒症状もしくは消化不良症や感染性の胃腸炎などが主な原因である。便の色や形状，血液などの混入の有無，排便回数，吐き気や嘔吐の有無，排便後に腹痛が持続しているかなどを観察する。

〈対応のポイント〉

①室内の気温や湿度，掛け布団など環境調整を行う。腹痛のあるときは，温罨法（おんあんぽう）などを用い，腹部を保温するとよい。

②感染症が疑われるときは，別室に移動させ，横に寝かせ安静を保つ。

③下痢で水分が失われるため，冷えすぎていない経口補水液等を少量ずつ頻回に与え，水分補給を行う。腸管の安静を保ち，状態に応じて，刺激の少ないお粥や野菜スープなど消化の良い食物を少量ずつ与えるようにする。

④オムツかぶれを起こしやすいので，オムツ交換を頻回に行う。臀部の皮膚を傷つけないように丁寧に清拭し，清潔を保つ。感染性の可能性もあるため，園内の沐浴槽等でのシャワーの使用は控えるようにする。

⑤感染予防のため，適切な方法で排泄物の処理を行う。オムツ交換は，決められた場所で使い捨てオムツ交換専用シートを敷いて行う。汚物はビニール袋に入れ，処理後は手洗いを十分に実施する。排泄物を処理するときは，必ずマスクと手袋，使い捨てのエプロンを着用する。また，下痢・嘔吐が続き，水分が摂取できない場合は，医療機関を受診する。

（5）脱水

　乳幼児では身体の水分量が成人よりも多く，体重当たりの必要水分量が多い。また，体温を調節する機能や腎臓の機能が十分に発達していないことなどから，脱水症状を起こしやすい。発熱・下痢・嘔吐，高温環境（熱中症），水分摂取が困難な状況などが脱水症状の原因となることも多い。また，子どもは口渇を訴えることができないので，注意深い観察を要する。皮膚や口唇の乾燥の有無や排尿状況などを観察する。脱水が重症化すると，意識障害を起こすので注意する。

表3-1　脱水症の程度と症状（奈良間ら，2020を改変）

所見と症状	軽度脱水	中等度脱水	重症脱水
脈拍	正常	速くて弱い	速くて弱い ときには触れない
呼吸	正常	深くてやや速い	深くて速い
大泉門	正常	陥没	非常に陥没
皮膚の緊張	つまむとすぐ戻る	ゆっくり戻る	つまんで非常にゆっくり戻る
眼窩	正常	陥没	非常に陥没
涙	流涙がみられる	減少	出ない
粘膜	乾燥	かなり乾燥	カラカラに乾燥
排尿	正常～減少	尿の減少と色が濃くなる	数時間みられない もしくは無尿
体重減少（％）	5％未満	5～10%	10%以上

〈対応のポイント〉（表3-1）

①室内の気温や湿度，掛け布団など環境調整を行う。

②吐き気がなければ，経口補水液などで水分補給を促す。一回の量を少なくして与えるなど摂取できるような工夫をする。嘔吐が続き，水分が摂取できない場合は，医療機関を受診する。また，表情がうつろで声をかけると目をあけるが，刺激をしなくなるとウトウト眠り込んでしまうような意識障害のある場合は，直ちに救急車を呼ぶ。

（6）けいれん

けいれんは脳の異常興奮により筋肉が発作的に不随意に収縮している状態であり，乳幼児では成人よりも起こしやすい。子どもが急にけいれんを起こしたときは，慌てず冷静に観察し対応する（表3-2）。乳幼児では，熱性けいれん，憤怒けいれん（泣き入りひきつけ），てんかんなどが主な原因である。てんかんなどの病気がなく，急な発熱に伴い，けいれんを起こしたときは，熱性けいれんによるものが多い。

〈対応のポイント〉

①無理に身体を押さえつけたり，舌を嚙むからと口に物を入れたりしない。

②呼吸状態が観察できる程度に襟元を緩め，楽な姿勢にすることで気道を確保する。

表3-2　けいれんを起こした時の観察

○けいれんが起きた時間と状況，誘因となるものはなかったかどうか

○けいれんの状況
・身体のどこから始まったか
・眼球や頭はどちらに向いていたか
・身体は突っ張り硬くなっていたか
・四肢がガクガクとなったか
・左右差があったか
・けいれんの持続時間　など

○全身状態
・意識状態
・顔色，唇の色
・呼吸状態
・嘔吐の有無　など

○発作後の様子（眠ったか，目が合うか，手足に麻痺があったか，
　ぼんやりして歩き回ったかなど），ケガの有無　など

③嘔吐がある場合は洗面器などを準備し，横向きに寝かせて速やかに顔を横
に向け，吐いた物を誤嚥しないよう窒息防止に努める。

④医務室など静かな場所に移動させ，横に寝かせ安静を保つ。

⑤周囲の危険な物を除去し，環境整備により転落・打撲などの事故を防止す
る。てんかんをもつ子どもの場合，日常的でない光などの刺激を少なくする。

ほとんどの場合，けいれん後に意識が戻るが，そのまま眠り込んでしまうこ
とが多い。しばらく静かに休ませておくだけで，その後，目が覚めると回復す
る。けいれんが10分以上続くときや繰り返す場合，顔色や口唇の色が悪く，
けいれん後も意識が回復しない場合は，直ちに救急車を呼ぶ。

（7）発しん

何らかの原因により，皮膚や粘膜などにあらわれる肉眼的な変化を発しんと
いう。発熱を伴う発しんは感染症が疑われるので，注意を要する。発熱を伴う
場合は突発性発しん，麻しん，水痘，手足口病などの小児特有の感染症などが
大半を占める。発熱を伴わない場合は，伝染性膿痂疹（とびひ），伝染性軟属腫
（水いぼ），じんましんなどのアレルギー症状などである。発しんがどこから出
始めて，どう広がったか，発しんの形や色，痛みやかゆみがあるか，時間とと
もに増えているかなどを観察する。

〈対応のポイント〉

①体温が高くなると，かゆみが増すので，室内の環境調整を行う。

②皮膚の清潔を保ち，刺激を少なくするため，傷つけないように爪を短く切っておく。

③発熱を伴うときは感染症であることが多いので，他の子どもとの接触を避けて別室で保育し，速やかに医療機関を受診する。

アレルギー性の発しんの場合，刺激となる食事摂取内容，接触した衣類，植物や動物との接触の有無を把握する。搔痒感が強い場合は，集中力や意欲が減退することもあるため，不安・苦痛の軽減を図る。また，アナフィラキシーが疑われる場合は，注意を要する。エピペンの処方を受けて預かっている場合は，必要に応じて，適切なタイミングで注射する。使用後は，速やかに救急搬送し医療機関を受診する（詳細については，本書第5章2節を参照）。

（8）耳痛

主な原因は，感染症（中耳炎・外耳道炎，上気道炎など）である。耳の下が腫れているときは流行性耳下腺炎のこともある。外耳道や耳の周囲の分泌物の性状・量，異臭の有無を観察する。耳の痛みがあるときは，乳児でも耳の辺りに手をもっていき，耳を搔く動作がみられることがある。

〈対応のポイント〉

①耳漏は拭き取って除去するが，耳漏を滞留させないように綿などを挿入して栓をすることは避ける。

②皮膚に傷をつけないように，綿棒や耳かき等を用いた耳あかの除去は行わない。

③耳漏を放っておくと難聴の原因にもなるので，早めに受診するように保護者に伝える。

2節 応急処置

保育の現場では，子どもが遊んでいる時や睡眠中，食事中などの園内の場面以外でも，園外の散歩中などの様々な場面において事故が発生する可能性がある。子どもがケガをしたときは，個別の対応だけでなく，他の子どもの移動などの統率が求められるため，あらかじめ緊急時の体制を整えておくことが必要

である。

1 ── 子どもの応急処置における留意点

（1）事故が起こったときの子どもへの対応

　子どもが生命の危険につながるような事故や，後遺症が残るような事故を起こさないために，徹底した事故防止と安全対策の充実が必要となる。万が一，事故が起こったときは，事故の状況を的確に把握する。まずは事故に遭った子どもの生命と健康を優先し，迅速に応急処置を行う。そのためには，すぐに他の保育者を呼んで協力を求め，連携を図りながら迅速かつ適切に対応する。また，子どもの状態の観察や対応についての判断は複数人で行い，1人では行わないようにし，判断に迷う場合は病院を受診させる。

　子どもがケガをしたときは，保育者も動揺し，慌ててしまうだろう。しかしながら，子どもの気持ちを第一に考え，まず子どもが感じている痛みや驚き，不安や恐怖などを受けとめ，軽減することが大切である。ケガをした子どもに安心感を与えられるように，保育者は，冷静に子どもの状態を観察し，適切な応急処置を行う必要がある。また，個別の対応のほか，他の子どもたちを安全に別の場所に誘導するなど，混乱を招かないように対応することが求められる。

（2）応急処置を行うことの意義

　子どもに事故によるケガや急変が起こった場合，その状態を観察し，速やかに症状に応じた処置を施すとともに，直ちに救急車を呼ぶ必要がある。医療機関を受診する前の初期の対応が，いかに迅速かつ適切なものであったかどうかが，後の回復のために重要となる。応急処置が適切に行われれば，ケガや病気の悪化を防ぎ，子どもの苦痛や不安，恐怖を最小限にすることができる。けれども，応急処置をしなかったり，不適切な処置を行った場合には，治るまでに時間がかかり，後遺症が残ってしまうことがある。そのようなことを防ぐためにも，保育者として，日常の中で起こるケガに対する応急処置の方法を習得しておく。さらに，子どもの症状や基本的な対応について，保育者間で正しい理解・知識や最新の情報などを共有しておくことが求められる。

（3）保護者への対応

　子どもを預けている保護者にとって，目の行き届かない場所で子どもが受傷

することは，不安を増強させるものである。まず，保護者に速やかに電話連絡
し，事故を起こしてしまったことを詫びる。そして，いつ，どこで，どのよう
にして事故が発生したのかといった事故の状況報告や，どの部分が，どうなっ
たのか，ケガの程度や状態，実施した処置などを的確に伝える。医療機関を受
診した場合は，診察や検査の結果，今後の受診のことなどについて報告する。
電話連絡の後に，直接，保護者に会い，表情や態度，言葉づかいに配慮し，誠
意をもって謝罪する。さらに，保護者の不安な気持ちに配慮をし，傾聴する。
保護者と信頼関係を築くため，日頃から互いを尊重したパートナーシップの関
係づくりが重要である。保護者への丁寧かつ誠実な対応が子どもの生活におけ
る安心と安全を守るために大切である。

（4）保育者間および多職種との協働

　事故発生直後には，まず近くにいる職員に知らせて，事故の発生状況を把握
するようにする。施設長，他の職員と連絡をとり，あらかじめ決めておいた緊
急時の役割分担に基づいて対応する。子どもの症状の急変や不慮の事故など緊
急対応が必要な場合には，救急車を要請するなど，迅速に対応することが重要
である。また，必要に応じて，嘱託医に連絡をして状況を知らせ，適切な指示
を求める。看護師が配置されている場合には，その専門性を生かした対応を図
れるよう連携が必要となる。受診時には，できるだけ事故が起きた時の状況や
症状，子どもが受けた衝撃などについて伝えることで，受診の際に適切な処置
を受けることにつながる。あらかじめ医務室の環境を整え，応急処置に必要な
物品を常備し，適切に対応できるようにしておく。こうした緊急時の体制を整
えておくことで，事故が発生した時に具体的な対応を実施できることが重要で
ある。

2 ── 応急処置の実際

（1）捻挫・打撲，骨折

　子どもは転倒・転落をしたり，子ども同士でぶつかったりと，捻挫や打撲を
起こすことが多い。ケガが発生し，医療機関を受診するまでの間，障害を最小
限にとどめるために現場で行う方法を「RICE 処置」という。骨折・脱臼が疑
われる場合や首より上の部分の打撲を起こしたときは，むやみに動かさないよ

うにし，医療機関を受診する。生命に直接関わるような危険な状態，意識がないなどのショック状態が疑われる場合などは直ちに救急車を呼ぶ。

表 3 - 3　RICE 処置

> **安静（Rest）**：ケガをした部位の腫れや血管や神経の損傷を防ぐことが目的であり，副子（そえぎ）（雑誌なども用いられる）をしてテープで固定し，子どもが患部を動かさないで生活できるようにする。
>
> **冷却（Icing）**：二次性の低酸素障害による細胞の壊死と腫れを抑えることが目的であり，氷のうを用いて患部を冷却する。15 ～ 20 分冷却したらはずし，また冷やす。この時，子どもは皮膚が薄いので，タオルやガーゼなどで保護して行うようにする。
>
> **圧迫（Compression）**：患部の内出血や腫れを防ぐことが目的であり，弾性包帯などで軽く圧迫ぎみに固定する。強く圧迫すると血の流れが悪くなり，むくみなどの原因になるので注意する。
>
> **挙上（Elevation）**：腫れを防ぐことと腫れの軽減を図ることが目的で，ケガをした部位を心臓より高く挙げるようにする。ケガをした足を台の上に乗せたり，腕を三角巾でつるしたりすることで，心臓にかえる静脈血を多くし，患部にたまる血液の量を少なくする。

（日本整形外科スポーツ医学会広報委員会 HP を改変）

捻挫や打撲を起こした時の処置は RICE の原則に則るが，幼児の場合，圧迫は軽めに行い，冷却はアイシングではなく，クーリング程度でよいだろう。

R（Rest：患部の安静）

I（Icing：冷却）

C（Compression：圧迫）

E（Elevation：挙上）

図 3 - 3　RICE 処置

　ケガをしたときなどの応急処置は，出血や腫れ，痛みを防ぐことを目的にケガをした患部を安静（Rest）にし，氷で冷却（Icing）し，弾性包帯などで圧迫（Compression）し，患肢を挙上すること（Elevation）が基本である。RICE はこれらの頭文字をとったものであり，RICE 処置は，捻挫や打撲などの四肢（手腕や足脚）のケガのときに行う（表3-3，図3-3）。

（2）すり傷・切り傷

　乳幼児は発達とともに行動範囲が広がり，何でもしたがるので，日常の中で受傷することが増えてくる。すり傷や切り傷では，傷が再生するために必要な細胞まで傷つけてしまうので，消毒は行わないようにする。ガーゼなどを長く当てておくと，治りかけの皮膚を一緒にはがしてしまうので，浸出液を吸い込ませることもしない。

　①水道水で（水流の勢いで）汚れを洗い流す。

　②洗浄後，ガーゼや綿棒などで残った泥や砂を取り除く。

　③清潔なガーゼで傷を軽く圧迫して止血する。

　④ワセリンを塗布したガーゼを当てて，必要に応じてハイドロコロイド製剤
　　（湿潤療法を行うための絆創膏）などで傷を覆う。

　いずれの処置も，感染予防のため，手袋を着用して実施する。絆創膏で傷を密閉して湿潤させることを保護者にも伝えておく。深く切った傷や首より上の痕が残ると困る部位の場合は，速やかに医療機関を受診する。

　また，出血した場合は，清潔なガーゼなどで傷を強く圧迫して止血しながら，受傷部位を心臓より高い位置に上げる。止血できたら傷のある部位を持ち上げて包帯などで固定する。大量出血して止血できないとき，ショックを起こしているときは，救急車を呼ぶ。

（3）鼻出血

　子どもが鼻出血を起こしたときは，上を向かせて首の後ろをトントンと叩くと，血液がのどに流れてしまい，咳き込んだり，嘔吐の原因になったりすることがあるので行わない。また，鼻の中の粘膜を傷つけ，かさぶたをはがして再度出血する原因になるので，鼻にティッシュペーパーなどを詰め込まない。

　①子どもを椅子に座らせて顔を下に向けさせる。

　②口呼吸をさせ，小鼻（鼻のつけ根）を指で10分間つまんで圧迫する。

③口の中にたまったものを吐き出させて，柔らかな綿やガーゼなどで鼻や口の周りを拭く。しばらく静かなところに座らせて観察する。30分以上経っても出血が続く場合は医療機関を受診する。

（4）口や歯の外傷

　子どもは頭が重いので，転倒や衝突によって口や歯のケガをすることが多い。歯がグラグラと抜けそうになっているときは速やかに歯科を受診する。口のケガの場合は，

①うがいを促す。

②傷の上にガーゼをあて，指でつまんで10分間圧迫する。

③傷の部位が指で圧迫できないときや，10分以上経っても止血しないときには医療機関を受診する。

（5）やけど

　乳幼児の認知発達の段階においても，何にでも触れて確かめるという特徴をもっているため，やけどを起こすことが多い。やけどの範囲は熱傷面積で測り，子どもの手のひらの大きさが1％で，片方の腕が10％である。熱傷面積が1％以内で水ぶくれがなく，皮膚表面が乾燥して赤くなっているⅠ度のやけどは，まずとにかく冷やすことが大切である。

①やけどをした部位を20〜30分間以上，水道水（流水）で冷やす。初期に冷やすことにより，できるだけ痕が残らないようにする。

②皮膚と衣類がくっついているときは無理にはがさない。

③やけどの部位をワセリン塗布した清潔なガーゼなどで覆う。

④家族に連絡して速やかに病院へ搬送する。

　水泡（水ぶくれ）ができたⅡ度のやけどは，感染のリスクがあるため早めに医療機関を受診する。広範囲にやけどしたとき，ショックを起こしたとき，顔に熱傷をしたときは救急車を要請する。

（6）頭の打撲

　乳幼児は身体のバランスにおいて頭部の占める割合が大きく，転倒・転落したときに頭を打ってしまうことがある。頭の打撲後は，

①まず静かなところに枕などを用いて頭を挙げて寝かせ，意識状態，呼吸と脈拍の状態を観察する。

②もし意識がなく，ショック状態であれば，直ちに救急車を要請する。意識
　がある場合でも，顔色が悪く，嘔吐する，名前を呼んでも反応がない，け
　いれんを起こす，打撲した部位に陥凹があるなどがみられるときは，速や
　かに医療機関を受診させる。また，短時間でも意識を失った場合，手足に
　ふるえが出た場合，ものが二重に見えると訴えた場合，行動がおかしい場
　合にも受診が必要である。

③頭を打撲した後は，機嫌や顔色がよい場合でも，食べ物を与えず，30分間
　以上安静にする。

　保護者には，家庭においても打撲後48時間は子どもの様子を観察するよう
に伝える。万が一，強い頭痛，嘔吐，意識障害，歩けない，けいれんなどの症
状があるときには，速やかに医療機関を受診する必要があることを伝える。

（7）誤飲・誤嚥，窒息

　乳児は生後6か月頃から上手に指で物をつかんで，何でも口に入れるように
なる。乳幼児はトイレットペーパーの芯を経過する程度（本章3節3を参照）
の大きさのものであれば，口の中に入れて飲み込んでしまうので，ボタンや玩
具，ピンや乾電池などを誤飲することがある。食物であってもピーナッツなど
は気管内に入ってしまうと窒息や肺炎の原因となるので，与えないようにする。

①子どもが突然咳き込み，首を押さえて苦しそうにしているときは誤飲・誤
　嚥を疑い，すぐに救急車を呼ぶ。

②意識状態や呼吸の状態，嘔吐の有無を観察し，いつ，何を，どのくらい飲
　んだかを確認する。

③子どもが異物を飲み込んだときやのどに詰まったものが取り除けないとき
　は，とにかく吐き出させることが重要である。救急車を待っている間に，
　できれば自分で咳をして吐き出すように促す。

④咳ができない乳児では，背部叩打法や胸部突き上げ法を行い，1歳以上の
　幼児ではハイムリック法（腹部圧迫）を用いる（詳細については，本章3
　節を参照）。また，口の中を調べて，見えている異物を取りのぞく。その際，
　子どもを驚かせると気管に入ってしまうかもしれないので，静かに声をか
　けながら行う。

また，子どもは薬品や洗剤なども誤飲することがあるので，ペットボトルに

表3-4　誤飲した時に吐かせてはいけないもの（日本中
毒情報センター，2019より抜粋）

吐かせてはいけないもの
灯油，マニキュア，除光液，液体の殺虫剤，漂白剤， トイレ用洗浄剤，防虫剤の樟脳など

薬剤などを入れないようにする。飲み込んだものによっては，胃の粘膜を保護するために牛乳を飲ませることもあるが，化学薬品の中には，緊急性の高いものや危険を伴うため吐かせてはいけないものもある（表3-4）。このような場合，日本中毒対応センター（一般市民専用サービス，情報提供料無料）に連絡して，対応方法について指示を受けるとよい。

（8）溺水

　子どもの溺水は水深10 cmでも起こるので，ビニールプールにため水をしないようにする。子どもがプールで遊んでいる時は，監視担当の保育者が子どもの異常を早期に発見するために，子どもから目を離さないようにするなど具体的な体制を整えておく。

①溺れた子どもを発見したら，直ちに水から引き上げ，呼吸状態と意識状態を観察する。

②泣いて呼吸をしているときは刺激をして水を吐かせ，呼吸が楽にできる姿勢にする。呼吸していない場合は，直ちに救急車を要請し，人工呼吸および胸骨圧迫（本章3節2（3）を参照）を開始し，救急隊が到着するまで続ける。また，濡れている部分や衣服を拭き，子どもの身体が冷えないようにする。

（9）虫刺され

　子どもがハチやアブ，毛虫などに刺されると，腫れや痛み，痒みなどが生じる。ハチに刺された場合，

①針の先端に毒のうがあるので，つかむ時にそれを押さえないように，ピンセットなどを用いて注意して抜く。

②毒を絞り出すように刺された部分の周囲の皮膚を圧迫して水道水（流水）で洗い流し，医療機関を受診する。また，アナフィラキシーが疑われる場

合は，注意を要する。

（10）咬み傷

子どもが動物に咬まれたときは，

①水道水（流水）で洗い流した後，呼吸状態の変化に注意して観察する。

②特に，ハムスターに咬まれた後など，息苦しそうにしていたり，ゼイゼイ
していたりする場合は，速やかに医療機関を受診する。

③咬まれた部分が化膿することがあるので腫れなどに注意する。

（11）熱中症

子どもは体温調節機能が十分に発達していないために，季節の変わり目や真
夏の暑い時期における戸外での活動の際などに熱中症を起こしやすい（表3-
5)。高温の環境のもとで，体内の水分やナトリウムのバランスがくずれ，体温
調節ができなくなることにより起こる。予防として，イオン水など経口補水液
でこまめに水分補給をするとともに，おやつとして塩分を摂らせるとよい。夏
場は，水遊びを取り入れるなど保育の活動を工夫する。

熱中症の場合，

①いかに早く体温を下げることができるかが重要である。

表3-5　熱中症の症状と対応（日本救急医学会，2015；環境省，2018より作成）

	症状	対応
Ⅰ度（軽症）	・めまい ・立ちくらみ ・筋肉痛，筋肉の硬直 ・手足のしびれ ・気分の不快	・風通しの良い日陰や冷房の効いた部屋など，涼しい場所へ避難させ，衣服を緩め，安静にさせる ・皮膚に濡らしたタオルを当てたり，少しずつ冷やした水をかけたりして，体を冷やす ・氷のうなどで，首，脇の下，足のつけ根を冷やす ・イオン飲料や経口補水液を与え，水分と塩分を補給する ・水分を経口摂取できない時や改善がみられない時は，医療機関へ搬送する
Ⅱ度（中等度）	・頭痛，吐き気 ・倦怠感，虚脱感	・Ⅰ度の対応を行いながら，医療機関へ搬送する
Ⅲ度（重症）	・意識がない（呼びかけに反応しない） ・けいれん ・高体温 ・まっすぐに歩けない	・救急車を要請し，Ⅰ度の対応を行いながら救急隊の到着を待つ ・けいれんを起こしているときは，横向きにし，嘔吐による誤嚥・窒息を防止する

②自分で水分を摂取できないときには，速やかに医療機関を受診する。呼びかけに反応しないときは，救急車を要請し，到着するまで冷却を続けることが必要である。

❸節 救急処置および救急蘇生法

1──一次救命処置

　一次救命処置（Basic Life Support: BLS）とは，何らかの原因で心臓や呼吸が停止してしまった傷病者に対して，その場に居合わせた人（バイスタンダー）が，心肺蘇生法（Cardio Pulmonary Resuscitation: CPR）[*1]や自動体外式除細動器（Automated External Defibrillator: AED）[*2]を用いて実施する救命処置のことである。気道に異物が詰まった場合に，それを取り除く救命処置（気道異物除去法）も，BLS に含まれる。BLS は，医師や救急救命士などの医療専門職が実施する二次救命処置（Advanced Life Support: ALS）と比べて，高度な医療処置や特殊な器具を必要とせず，その場にいる誰もが実践可能な応急処置である。

　小児では交通事故，溺水，異物の誤嚥，アナフィラキシーなど，日常生活における様々な要因から救命処置が必要な状況に陥る場合がある。CPR が必要な状態に陥った際に，救命の可能性は時間の経過に伴って著しく低下していく。しかし，救急隊が到着し専門的な医療処置を受けるまでの間に，その場に居合わせた人が救命処置を施すことで，救命の可能性は高くなる（Holmberg et al., 2000）。そのため，保育者は，いかなる状況においても即座に適切な救命処置が開始できるように，BLS の手順や方法に習熟し，日頃から訓練を積んでおくことが極めて重要である。

＊1　心肺蘇生法とは，何らかの原因で心臓の動きや呼吸が停止してしまった傷病者に対して，胸部を強く圧迫する胸骨圧迫と，口や鼻から息を吹き込む人工呼吸を用いて，心臓と呼吸の機能を補助する救命処置。

＊2　自動体外式除細動器とは，傷病者の体外に装着した電極つきのパッドから心臓の状態を自動で解析し，心室細動（心臓が無秩序に細かく震え，心臓のポンプ機能が失われてしまった状態）などの死に至る危険性のある不整脈を起こしている場合に，電気ショックを与えて，心臓の状態を正常に戻す機能をもつ小型機器。

2 ——心肺蘇生法（CPR）

　傷病者の発見から救急隊への引継ぎまでの一連の流れは，BLS のアルゴリズムに従って，順を追って進行されていく（図3-4）。小児の BLS は，基本的に成人と共通のアルゴリズムに従って実践される。しかしながら，身体が小さい

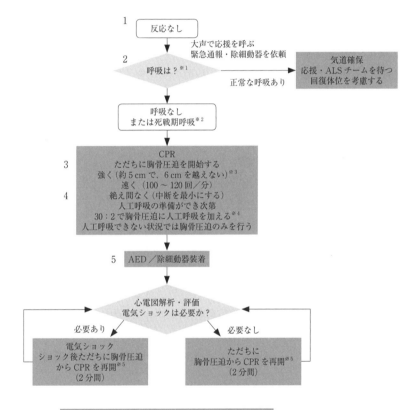

図3-4　BLS のアルゴリズム（日本蘇生協議会，2016 より作成）

※1　気道確保をして呼吸の観察を行う。熟練者は呼吸と同時に頸動脈の拍動を確認する（乳児の場合は上腕動脈）
※2　わからないときは胸骨圧迫を開始する。「呼吸なし」でも脈拍がある場合は気道確保および人工呼吸を行い，ALS チームを待つ
※3　小児は胸の厚さ約1／3
※4　小児で救助者が2名以上の場合は15:2
※5　強く，速く，絶え間なく胸骨圧迫を！

など，小児の身体的な特性を加味して，胸骨圧迫の方法や AED の取り扱いに
若干の違いがある。また，心臓が停止するまでの病態は，成人では，不整脈な
ど，心臓そのものに原因があることが多いのに対して，小児では呼吸の障害に
引き続いて心肺の停止にいたることが多い。そのため，小児の一次救命処置
(Pediatric Basic Life Support: PBLS) では，人工呼吸の重要性がより強調さ
れている。子どもに関わる専門職は，成人と小児双方の一次救命処置について
理解しておくことが望ましい。

（1）反応の確認と緊急通報

　傷病児を発見した際，救助者はまず，周囲の安全を確保した上で，傷病児の
反応を確認する。傷病児の肩を軽く叩きながら「○○ちゃん，大丈夫？」など
と，耳元で大声で呼びかける。乳児の場合には過度な刺激とならないように，
肩ではなく足の裏をたたいて反応を確認する。目をあける，払いのける，言葉
を発するなどの応答や仕草が確認できなければ「反応なし」とみなす。判断に
自信がもてない場合にも同様に，心停止の可能性があるものとして行動する。
「反応なし」の場合には，大声で応援を要請し，周囲の者に 119 番通報と AED
の手配を依頼する。この際，「あなたは 119 番通報をお願いします」「あなたは
AED を持ってきてください」など，応援者が即座に行動に移ることができる
ように，簡潔で具体的な指示を出すことが重要である。119 番通報では，傷病
児がいる場所，傷病児の氏名や年齢（生年月日），反応がないこと，そして，可
能な限り正確に，傷病児の状況（突然倒れた，けいれんをしている，ケガをし
ているなど）を慌てずに落ち着いて伝える（表 3 - 6）。幼稚園・保育施設内で
発生した事故の場合には，保護者への連絡や周囲の園児への配慮も必要となる

表 3 - 6　119 番通報時に救急隊に伝える内容

①火事か，救急か

②場所
　住所（市町村名から番地まで正確に），目標物，救急車を停車
　する場所，誘導者の有無

③状況（いつ，どこで，誰が，どうなったか）
　傷病児の数，傷病児の氏名や年齢（生年月日），性別，症状，
　反応・呼吸の有無，持病の有無，かかりつけの病院

④通報者の氏名，連絡先

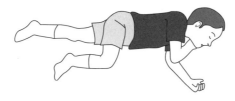

図3-5　回復体位（新保育士養成講座編纂委員会，2012より作成）

ため，役割を分担して対応する。

（2）呼吸の確認，心停止の判断

　呼吸は胸部と腹部の動きを観察し，「普段通りの呼吸」をしているかを10秒以内で観察する。傷病児の反応がなく，かつ呼吸がない，または死戦期呼吸（あえぎ呼吸）[*3]をしている場合には心臓が停止している（心停止）と判断し，速やかにCPRを開始する。普段通りの呼吸をしているか判断がつかない場合にも同様にCPRを開始する。傷病児に普段通りの呼吸が認められる場合には，気道を確保した上で，様子を観察しながら救急隊の到着を待つ。訓練を受けた保育者は，状況に応じて，傷病児を回復体位（図3-5）[*4]にすることを考慮する。この間も，傷病児から目を離さず，異常な呼吸がみられた場合には直ちにCPRを開始する。

（3）心肺蘇生の実施

　CPRは胸骨圧迫から開始する。傷病児を仰向けに寝かせて，救助者は傷病児の胸の横にひざまずく。胸の真ん中（左右の真ん中で，かつ上下の真ん中）（図3-6）に片方の手のひらの基部をあて，その上にもう一方の手を置く。そして，胸郭前後径（胸の厚さ）の約3分の1が沈み込む程度の深さで，毎分100～120回のテンポで，中断を最小限にして圧迫する（図3-7）。ひじを曲げずに垂直に圧迫すること，そして，圧迫の後で完全に胸が元の位置に戻るように圧迫を

---

*3　死戦期呼吸とは，心臓が停止した直後にときおり認められる，しゃくり上げるような不規則な呼吸。死戦期呼吸は心臓が停止している徴候であり，胸部と腹部の動きがみられたとしても「呼吸なし」と同じ扱いをする。小児でも死戦期呼吸がみられるが，心臓そのものが原因で起こる心停止の発生頻度が少ないため，死戦期呼吸に遭遇する頻度は少ない。

*4　回復体位とは，反応はみられないが，正常に呼吸をしている傷病児に対してとらせる体位。横向きに寝かせた姿勢（側臥位）で，傷病児の下になる腕を前方に伸ばす。上になる腕を曲げ，その手の甲を傷病児の顎の下に挿入し，顎を上げて手で支える。上になる膝は約90度に屈曲する。脊髄の損傷などが疑われる場合には，回復体位へ動かすことを避ける。

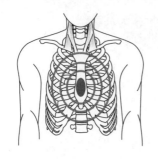

図 3-6 胸骨圧迫の部位（心肺蘇生法委員会，2016 より作成）

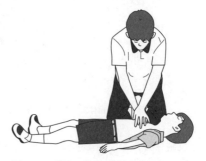

図 3-7 小児に対する胸骨圧迫法（心肺蘇生法委員会，2016 より作成）

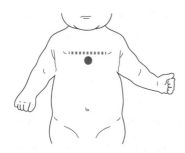

図 3-8 乳児に対する胸骨圧迫の部位（心肺蘇生法委員会，2016 より作成）

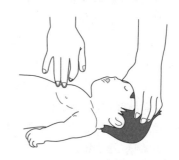

図 3-9 乳児に対する胸骨圧迫（二本指圧迫法）（心肺蘇生法委員会，2016 より作成）

解除することが重要である。成人の場合の圧迫の深さは，胸が 5 cm 沈む程度であり，6 cm を超えないように注意する。乳児の場合には，両乳頭を結んだ線の少し下（図 3-8）に中指と薬指の 2 本の指先を当てて圧迫する（二本指圧迫法）（図 3-9）。胸骨圧迫の効果を最大限に得るためには，可能ならば，傷病児を硬いものの上に寝かせて行うことが望ましい。

　準備が整い次第，人工呼吸を開始する。小児では特に，酸素の不足によって生じる心停止が成人に比べて多いため，できるだけ早く人工呼吸を開始することが推奨される。救助者が 1 人の場合は，胸骨圧迫と人工呼吸を 30：2 の比で行うが，救助者が 2 名以上の場合は，15：2 の比で行う。人工呼吸は，頭部後屈あご先挙上法（頭や頸の損傷が疑われる場合は下あご挙上法）を用いて，確実に気道を確保した上で行う。頭部後屈あご先挙上法は，傷病児の額を押さえながら指先をあご先に当て，あご先を持ち上げながら頭部を後ろに曲げ（後屈），

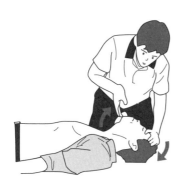

図3-10　頭部後屈あご先挙上法（心肺蘇生法委員会，2016より作成）

（レールダル・メディカル・ジャパンHPより）

図3-11　簡易型人工呼吸用マスク（フェイスシールド）

気道を確保する（図3-10）。小児の場合，極端に頭部を後屈することでかえって気道を閉塞させることもあるため注意する。次に，鼻をつまみながら，約1秒間かけて，胸の上りを確認できる程度に息を吹き込む。乳児の場合は顔が小さいため，大きく口を開けて乳児の口と鼻を同時に覆って息を吹き込む。口対口の人工呼吸で救助者が感染する危険性は極めて低いといわれているが，傷病児が感染症に罹患していることが明らかな場合や血液による汚染がある場合などには，簡易型人工呼吸用マスク（図3-11）などの感染防護具[5]を使用することが望ましい。また，胸骨圧迫は非常に身体的負担が大きい処置である。救助者の疲労は胸骨圧迫の質の低下を招くため，周囲に救助者が複数いる場合には，1～2分程度を目安に役割を交代しながら，中断を最小限にしてCPRを継続する。

（4）AEDの装着と実施

　AEDが到着したら速やかに開封し，電源ボタンを押す（蓋を開けると自動的に電源が入るタイプのAEDもある）。電源を入れた後はAEDの音声ガイダンスに従って操作を進める。電極パッドは傷病児の衣服を開いた上で右前胸部と左側胸部に貼付する（図3-12）。未就学児の場合には小児用パッドを使用する。小児用パッドがない状況では成人用パッドを用いて構わない。AEDは1

＊5　感染防護具とは，感染症から個人の身を守るためのマスク，手袋，ガウンなどの医療資材。

図3-12　AED の電極パッドの貼付
部位（心肺蘇生法委員会,
2016 より作成）

歳未満の乳児においても使用可能であるが，身体の小さな年少児の場合には，パッド同士が重なり合わないように注意し，パッドを胸部前面と背面に貼付する。AED による心電図の解析が始まったら，傷病児に触れないようにする。そして，電気ショックの必要性がある場合には，AED の音声メッセージに従って電気ショックを行う。電気ショックを実施した後は，直ちに胸骨圧迫からCPR を再開し，2 分ごとに AED による心電図の解析と電気ショックを繰り返す。

（5）救急隊への引き継ぎ

　BLS は救急隊が到着して救命処置を引き継ぐまで絶え間なく続ける。救助中に明らかな呼びかけへの反応，普段通りの呼吸，目的のある仕草などが認められた場合には一旦 CPR を中止してよい。しかし，直ぐに CPR が再開できるように，AED を装着している場合には，AED の電源を切らず，パッドも貼付したままにしておく。救助者は，傷病児の意識，呼吸，脈拍，顔色などを観察しながら救急隊の到着を待ち，状態の悪化がみられたら，直ちに CPR を再開する。

3 ── 気道異物の除去

　小児は，食物や玩具など，トイレットペーパーの芯を通過する程度の大きさ（約 39 mm）のものは誤飲して窒息する恐れがある。そのため，特に好奇心が旺

盛で探索行動が盛んな乳幼児期には，誤飲による窒息に十分注意する必要がある。

　意識のある小児が気道異物による窒息を起こした場合には，応援の要請と緊急通報の依頼を行った後に，異物の除去を試みる。発見時にすでに意識がない場合には，異物の除去ではなく即座に CPR を開始する。気道異物を除去する応急処置には，背部叩打法，胸部突き上げ法，腹部突き上げ法などの方法があり，年齢に応じて適切な方法を選択する。異物が取り除かれるまで，複数の方法を交互に繰り返しながら，すばやく反復して実施することが重要である。処置の途中で傷病児の反応がなくなってしまった場合には，異物の除去を中止し，直ちに CPR を開始する。

（1）乳児に対する気道異物除去

①背部叩打法（図3-13）

　乳児を片方の腕の上でうつ伏せにして，頭部を胸部より低く保つ。手のひらであごをしっかり支えた上で，両側の肩甲骨の間を手のひらの基部で4～5回連続してしっかりと叩く。幼児では，救助者が片膝をつき，その上に幼児の腹部をうつ伏せに乗せて背中を叩く。

②胸部突き上げ法（図3-14）

　片手の腕に乳児の背中を乗せ，手のひら全体で後頭部をしっかり支える。頭側を下げた状態にして，CPR と同じ方法で，2本の指で胸部を圧迫する。

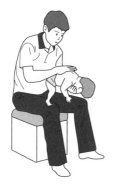

図3-13　乳児に対する背部叩打法（心肺蘇生法委員会，2016より作成）

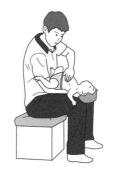

図3-14　乳児に対する胸部突き上げ法（心肺蘇生法委員会，2016より作成）

図3-15　小児に対する腹部突き上げ
　　　　法（ハイムリック法）（心肺蘇
　　　　生法委員会，2016より作成）

（2）　1歳以上の小児に対する気道異物除去
①腹部突き上げ法（ハイムリック法）（図3-15）

　窒息した幼児を背後から抱きかかえる。片方の手の親指側を幼児のへその上
方でみぞおちより十分下方に当てて握り拳をつくり，もう一方の手で上からお
さえ，瞬間的に力を込めて手前上方に圧迫する。1歳以上では，背部叩打法と
腹部突き上げ法を異物が除去されるか反応がなくなるまで繰り返す。腹部突き
上げ法は，安全上の理由から乳児や妊婦には実施しない。

 研究課題 ─────────────────────────

1.　子どもの体調不良を保育の現場でとらえられるか，日頃からの観察項目を整理してみよう。
2.　子どもに発熱などの症状がみられたときの必要な対応の留意点についてまとめてみよう。
3.　3歳児に起こりやすい事故をあげ，その応急処置について調べてみよう。

Book **推薦図書** ─────────────────────────

- 『子どもをあずかる人のための救命マニュアル』日本小児蘇生研究機構（監修）　学研プラ
ス
- 『やるべきことがすぐわかる　今日から役立つ保育園の保健のしごと』（改訂版）　東京都
社会福祉協議会（編）　赤ちゃんとママ社
- 『救急蘇生法の指針〈2015〉市民用・解説編』日本救急医療財団心肺蘇生法委員会（監修）
へるす出版

第4章

感染症対策

　保育施設等における感染症対策は，一人ひとりの健康や安全を守るだけでなく，集団全体としての健康や安全を守るための感染症対策が重要となる。

　感染症対策とは，対象となる病原体への対応ととらえられがちであるが，多くの要素から構成される包括的な対策でなければならず，個々の病原体が人に感染した場合の症状や治療法，好発年齢，潜伏期間等の知識を単に知っておくだけではなく，保育施設内や周辺地域やきょうだい等の間での流行状況を日頃より把握したり，子どもたちへの年齢に応じた生活行動の中での衛生行動（手洗いやうがいなど）を自律的に行うことの促し，また部屋の室温を適切に保つことや適度加湿などの環境整備，また体力づくりなど多岐に及ぶと考えられる。

　また，忘れてならないのがワクチン接種である。ワクチンで予防できる疾患は伝播しやすいばかりではなく，治療法がないことも多く，ワクチンで免疫を獲得することは最も有効な感染対策といえる。

　本章では，「2018年改訂版　保育所における感染症対策ガイドライン」を踏まえつつ，保育者が行う感染症対策について具体的に述べることにする。

①節　感染症の集団発生の予防

1 ── 感染症の成立条件

　感染症の発生には，①細菌やウイルスなどの病原体を排出する「感染源」，②その病原体が人などに広まるための「感染経路」，③病原体が感染することができる「感受性者」の３つの要素が成立して初めて感染症が発生する。すなわち，感染症対策を行うにあたって，この３つの要素「感染源」「感染経路」「感受性者」へ適切な対策を行うことができれば，感染症は理論的には制御することができる。実際の感染症対策では，これらの３つの要素に対する対策を考え，その中で効率的な感染症対策を複合的に行っていくことが求められる。

　保育所施設等での感染源への対策については，感染症に罹患している患者は一般的に病原体を周囲に排出している状態であるので，保育している集団からの感染源の隔離（別室での保育や自宅での療養や待機）が必要になる。

　また，感染症の種類によっては典型的な症状が出る前の症状を示さない時期（潜伏期），もしくは，軽快したのちでも病原体を排出していることがあるため注意が必要である。

2 ── 保育施設等での感染経路への対策

　病原体の感染経路には大きく空気感染，飛沫感染，接触感染，経口感染があげられる。保育施設等で注意すべき感染経路は，集団での食事や子ども同士の遊びにおける飛沫感染や接触感染である。特に，乳児は玩具を直接なめたり，机や床などを触った手を口に入れたりするなど接触感染に留意する。

　ここでは，飛沫感染，接触感染，経口感染対策について説明する。

（1）飛沫感染への対策

　感染者の咳やくしゃみ，会話や食事をしたときに病原体が飛沫として口や鼻から排出され，近くの人がこの飛沫を直接吸い込むことで感染が成立する。飛沫が飛散する範囲は１〜２ｍといわれている。飛沫感染する病原体は呼吸器系に感染するものが主である。また，飛沫感染は感染者がマスク着用することや咳エチケットを守ることで飛沫の飛散を防ぐことができ，また感染者より２ｍ

咳エチケット

　飛沫感染による感染症が保育所内で流行することを最小限に食い止めるために，日常的に咳エチケットを実施しましょう。素手のほか，ハンカチ，ティッシュ等で咳やくしゃみを受け止めた場合にも，すぐに手を洗いましょう。

①マスクを着用する（口や鼻を覆う）
・咳やくしゃみを人に向けて発しないようにし，咳が出る時は，できるだけマスクをする
②マスクがないときには，ティッシュやハンカチで口や鼻を覆う
・マスクがなくて咳やくしゃみが出そうになった場合は，ハンカチ，ティッシュ，タオル等で口を覆う
③とっさの時は，袖で口や鼻を覆う
・マスクやティッシュ，ハンカチが使えない時は，長袖や上着の内側で口や鼻を覆う

図4-1　咳エチケット（厚生労働省，2018）

以上離れることが効果的とされる。飛沫の一部は一定時間空気中をさまようこともあることから，換気を定期的に行うことも効果があるとされる。

〈飛沫感染する主な病原体〉

　細菌：A群溶血性レンサ球菌，百日咳菌，インフルエンザ菌，肺炎球菌，肺炎マイコプラズマ等

　ウイルス：インフルエンザウイルス，RSウイルス，コロナウイルス，アデノウイルス，風しんウイルス，ムンプスウイルス，エンテロウイルス，麻しんウイルス，水痘・帯状疱ウイルス等

（2）接触感染への対策

　保育施設等では，生活や遊びの中で保育者と子ども，また子ども同士の接触も多く感染者から直接的に感染する例や病原体によって汚染された物を介して感染が拡大する例がある。

　直接的な接触も，間接的な接触も，主に病原体で汚染された手を口に入れたり，鼻や目をこすったりすることで汚染された手から直接ではなく，手についた病原体が粘膜を介して体に侵入し感染が成立する。また，傷のある皮膚などから病原体が体内に侵入する場合もある。

　接触感染を防止するには石けんなどの界面活性剤を用い流水を用い，適切な方法で手を洗うことが有効であるが，病原体に合った擦式消毒薬で手指消毒を行うことでも代用できる。

　飛沫感染で空気中に放出された飛沫が机や床などに付着した場合，感染力がすぐに減弱する病原体もあるが，一定期間は感染力を保つ病原体もあるため，病原体の飛沫が付着した机などからの接触感染を減らすために，咳やくしゃみなどをしている患者がいる室内では子どもが触れる可能性のあるものの消毒の頻度を高めることも有効である。

〈接触感染する主な病原体〉

　　細菌：黄色ブドウ球菌，インフルエンザ菌，肺炎球菌，百日咳菌，腸管出血性大腸菌

　　ウイルス：ノロウイルス，ロタウイルス，RSウイルス，エンテロウイルス，アデノウイルス，風しんウイルス，ムンプスウイルス，麻しんウイルス，水痘・帯状疱しんウイルス，インフルエンザウイルス，伝染性軟属腫ウイルス等

（3）経口感染への対策

　病原体を含んだ食物や水分を口にすることで，病原体が消化管を通して感染し症状を引き起こす。温度や湿度が上昇する時期では，特に食品の取り扱いや保管管理に注意しておく。

〈経口感染する主な病原体〉

　　細菌：腸管出血性大腸菌，黄色ブドウ球菌，サルモネラ属菌，カンピロバクター属菌，赤痢菌，コレラ菌等

　ウイルス：ロタウイルス，ノロウイルス，アデノウイルス，エンテロウイル
　ス等

3——保育施設等での感受性への対策（予防接種等）

（1）ワクチンの意義

　人類は感染症に打ち勝つために，様々なワクチンを開発してきた。ワクチン
は，その一部を除いて根本的な治療法がない，もしくは対症療法しかない疾患
に対してつくられており，人類はその恩恵を広く享受している。

　ワクチンの意義とは，感染の3要素である「感染源」「感染経路」「感受性者」
のうち，感受性者に対して行うものである。特定の病原体に感受性がある者に
対して，あらかじめ予防接種によって免疫をつけることで，ワクチンを受けた
本人の感染症発症を予防するとともに，ワクチンの接種率が高くなればなるほ
ど，集団内での感染症の蔓延を防ぐことができる。

（2）ワクチンによる感染制御

　大人に比べて体力がなく，また免疫も未発達な乳幼児は予備力が少なく，呼
吸器疾患や脱水等に脆弱で，特にワクチンが準備されている疾患は罹患した場
合に小児の健康に与える影響は大きい。よって，ワクチンにより予防できる疾
患は特別な事情を除き，可能な限りワクチン接種によって予防することが大切
である。ワクチンはその種類によって接種が推奨される時期が決まっており，
保護者と母子健康手帳等を確認しながら，ワクチン接種の機会を逃すことがな
いように呼びかけるとともに，接種していないワクチンがあった場合には，速
やかにかかりつけの小児科医等に相談するように促し，地域の感染症の流行状
況などに応じて優先されるワクチンから接種することが必要である。

　また，近年，成人の間で麻しんや風しんの流行が起こるなど，国内の感染症
流行の状況は時代とともに変化している。保育者が感染者となり子どもへ感染
させることのないように，保育者は追加のワクチン接種や定期的に感染症の抗
体検査等を受けるなどして自らが感受性者にならないことに努めることが重要
である。

（3）健康を維持するための習慣

　ワクチン接種の意義は病原体に対してあらかじめ免疫記憶をつけることによ

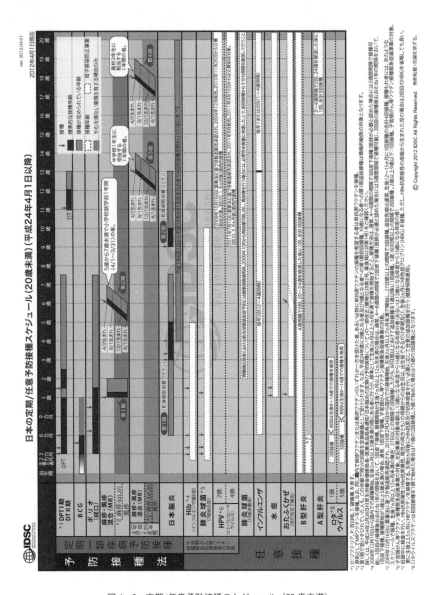

図4-2　定期/任意予防接種スケジュール（20歳未満）

（国立感染症研究所　http://idsc.nih.go.jp/vaccine/dschedule/2012/ImmJP12.pdf より）

って，体内に侵入してきた病原体を自らの免疫機構を使って排除するものである。ワクチンを適切に接種していても，自らの免疫機構が適切に機能していない状態であればその効果は薄れてしまう。

　では，どのように自らの免疫機能を保っていけばよいのだろうか。子どもも成人も，適切な栄養，運動，休息，睡眠等により心身の健康が保たれ，免疫機能も正常に機能することが知られている。ワクチンによる感染症予防はワクチンを接種すればよいということではなく，子どもの体全体の健康が維持されることが大事であり，そのためには子どもが自律的に自分の心身の健康を維持し，健康的な生活を行えるような保育者の促しはたいへん重要である。

　実際には，子どもの年齢や発達に応じて，子どもが毎日の生活の中で，手洗いやうがい，歯磨き，バランスのとれた食事，運動，十分な睡眠や休息等の生活習慣が身につくように，保育者は保護者とともに子どもに促し，またともに考え行動していく必要がある。

4 ── 注意すべき感染症

(1) 麻しん（はしか）

　麻しんウイルスによる感染症である。初期には，38℃程度の発熱，鼻水，咳，目の充血，目やになど感冒症状が2〜3日続くが，一旦下降傾向を示す。解熱した後，再度39℃以上の高熱と発しんが出現する。乳幼児では初期に，下痢や腹痛を伴うことが多い。また，口の中の粘膜に白い斑点（コプリック斑）ができるのが特徴である。中耳炎，肺炎，脳炎などの合併症が起こりやすく，肺炎や脳炎は重症化すると死亡することもある。また，麻しん罹患後に数年たってから亜急性硬化性全脳炎（SSPE）とよばれる重篤な脳症を起こすこともある。

　麻しんはたいへん感染力が強く空気感染をするウイルスである。麻しんは予防手段としてワクチンに頼るところが大きく，麻しんワクチンは現在，風しんワクチンとともにMRワクチン（麻しん風しん混合ワクチン）として定期接種されている。

(2) 季節性インフルエンザ

　インフルエンザウイルスによる感染症で，潜伏期間は約1〜4日である。全

身の倦怠感，筋肉痛，関節痛に伴い 38～40 ℃ の高熱が出現する。また，咳や咽頭痛等の気道症状を伴う。合併症として気管支炎，肺炎，中耳炎，熱性けいれん，急性脳症等があげられる。急性脳症等では意識の混濁がみられ，早期の集中治療が適応となるため，注意して観察することが必要である。感染経路は主に飛沫感染であるが，患者の咳やくしゃみ等の飛沫が机等に付着し接触感染をすることもある。

　診断のためのキットも普及しており比較的診断がつきやすいが，発熱直後にはウイルス量が少ないため正確な診断はできない。また，インフルエンザ治療薬も内服薬や吸入薬，注射薬等あり，早期に治療できる疾患となったが，治療後解熱してもウイルスが排出されるため，自宅等での療養継続が必要である。

　インフルエンザウイルスは流行するタイプが変化することが知られており，そのタイプを予測し，ワクチンが準備される。ワクチン接種後から免疫の獲得までは 2 週間以上かかるとされており，流行期より前に接種することが効果的な予防につながる。

（3）風しん

　風しんウイルスによって引き起こされる感染症である。別名「三日はしか」ともいわれることがある。潜伏期間は約 16～18 日で，発症すると発熱と同時に顔や頸部に発しんがあらわれ，全身に広がる。また，発熱がないなど症状が不完全なまま軽快する例もあり，風しん感染として認識されず，見逃されることもある。風しんウイルスは脳炎や血小板減少性紫斑病などを合併症として引き起こすこともあり注意が必要である。

　また，妊娠初期に母体が風しんウイルスに感染すると，胎児に感染して先天性風しん症候群（CRS）を発症することがある。CRS の症状としては，低出生体重，白内障，先天性心疾患，聴力障害等である。感染経路は飛沫感染である。

　風しんに対しては予防手段としてワクチンに頼るところが大きく，風しんワクチンは現在，麻しんワクチンとともに MR ワクチン（麻しん風しん混合ワクチン）として定期接種されている。

（4）水痘（水ぼうそう）

　水痘・帯状疱しんウイルスによる感染症で，潜伏期間は約 14～16 日である。38 ℃ 台の発熱とともに特徴的な発しんが顔や頭部に出現し，全身へ広がる。

合併症には，脳炎，小脳失調症，肺炎等がある。麻しんウイルスと同様，ウイルスは空気感染であり強力な感染力をもつ。水痘ワクチンが有効である。

すべての発しんが痂皮（かさぶた）化すれば感染力はないとみなされる。

（5）流行性耳下腺炎（おたふくかぜ，ムンプス）

ムンプスウイルスによる感染症で，潜伏期間は約16〜18日とされる。特徴的な症状は，発熱と唾液腺の腫脹と痛みである。数日間の発熱の後に，片側の唾液腺が腫脹し，数日してから反対側の唾液腺が腫脹する経過をたどることが多い。感染は耳下腺，唾液腺にとどまらず，中枢神経系，膵臓，精巣等にも感染することから，合併症（髄膜炎，難聴，精巣炎など）に注意が必要である。

感染様式は，発症前から唾液中にウイルスが排出され，飛沫感染や接触感染を起こす。

感染後の有効な治療法はなく，ワクチンが唯一有効な予防手段である。1歳以上の子どもに対する任意予防接種として生ワクチンの接種が可能である。

（6）咽頭結膜熱（プール熱）

アデノウイルスによる感染症である。潜伏期間は約2〜14日で39℃前後の高熱，扁桃腺炎，結膜炎が出現する。飛沫感染およびドアノブや手すりなどに付着したウイルスにより接触感染する。また，タオルを共用することで感染することもある。特に夏季に幼児から学童に発生がみられる。

この感染症を予防できるワクチンや有効な治療法はない。日常的な衛生行動（手洗いの励行）などを行うことが感染の予防につながる。また，このウイルスは治癒後であっても便中に排出されるため，オムツ等の処理の後や子どもの排便後の念入りな手洗いが重要である。

（7）流行性角結膜炎

アデノウイルスによる感染症である。潜伏期間は約2〜14日であり，発症すると目の充血や痛みとともに，黄色っぽい目やにが多量に出る。感染力がとても強く，飛沫感染および接触感染するが，接触感染対策として特にドアノブ，手すり，スイッチ等の消毒を定期的に行うなどの対策が必要とされる。

この感染症に対するワクチンや有効な治療法はなく，対症療法が行われる。

②節 感染症発生時と罹患後の対応

1——感染症の発生時と罹患後の対応についての考え方

　感染症の予防対策を行うに当たっては，この３つの要素「感染源」「感染経路」「感受性者」へ適切な対策を行うことを前節で示した。この３つの要素は感染症発生時，また罹患後の対応においても変わらない。

　では，具体的に感染症の発症が起こったときにどのように対応すべきかを示していくこととする。

2——感染症の疑い時・発生時の対応

　子どもの病気を早期に発見することは，その後に引き続く感染制御を適切に行うためにもたいへん重要である。そのためには，普段から保育者は子どもの様子を注意深く観察し，また，周囲の保育者とも共有しておく必要がある。複数の保育者によるきめ細かな観察や情報共有は，感染症の発生の早期発見につながり，その子どもの重症化や合併症を防ぐほか，集団としての感染症制御につながることも認識しておく。

（1）感染症の疑いのある子どもへの対応

　保育者は子どもを安全に保育する上で体調の変化を適切に把握する視点をもつことは重要である（図４-３）。発熱や発しん，咳，下痢，嘔吐などの感染症が疑われる症状が子どもにあらわれた場合，保育者はできるだけ早く子どもを集団より隔離した環境に移し，体温測定をはじめ適切な健康観察を行い客観的な記録を行うことが重要である。特に発熱は客観的な体調の変化の指標となるが，平熱との比較を行うことが必要であるため，保育者はあらかじめ保育する子どもの平熱を把握しておく。

　また，症状のある子どもに対応する場合，子どもは症状による不快感や不安感を生じやすいため，できるだけ子どもに不安を与えず，安心感を与えるような対応が求められる。子どもの嘔吐物や排泄物については適切に処理を行い，環境を消毒し感染経路を絶つことも重要である。保育所における消毒の種類の方法として一般的に用いられる消毒薬の種類と用途を表４-１に示す。

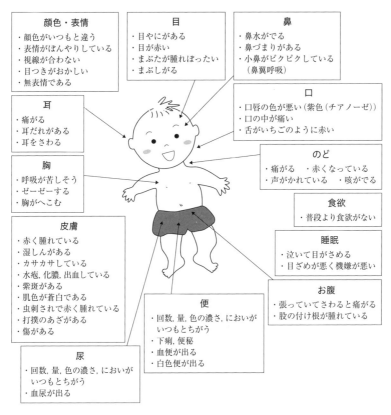

顔色・表情
・顔色がいつもと違う
・表情がぼんやりしている
・視線が合わない
・目つきがおかしい
・無表情である

目
・目やにがある
・目が赤い
・まぶたが腫れぼったい
・まぶしがる

鼻
・鼻水がでる
・鼻づまりがある
・小鼻がピクピクしている
　（鼻翼呼吸）

耳
・痛がる
・耳だれがある
・耳をさわる

口
・口唇の色が悪い（紫色（チアノーゼ））
・口の中が痛い
・舌がいちごのように赤い

胸
・呼吸が苦しそう
・ゼーゼーする
・胸がへこむ

のど
・痛がる　　・赤くなっている
・声がかれている　　・咳がでる

食欲
・普段より食欲がない

皮膚
・赤く腫れている
・湿しんがある
・カサカサしている
・水疱，化膿，出血している
・紫斑がある
・肌色が蒼白である
・虫刺されで赤く腫れている
・打撲のあざがある
・傷がある

睡眠
・泣いて目がさめる
・目ざめが悪く機嫌が悪い

お腹
・張っていてさわると痛がる
・股の付け根が腫れている

便
・回数，量，色の濃さ，においが
　いつもとちがう
・下痢，便秘
・血便が出る
・白色便が出る

尿
・回数，量，色の濃さ，においが
　いつもとちがう
・血尿が出る

図4-3　子どもの症状を見るポイント（厚生労働省，2018より作成）

　ところで，感染症制御の場において保育者が行う通常と違う言動や振る舞いは，他の子どもへ伝わり不安を生じさせる可能性もある。よって，保育者は子どもに対する心理的影響も十分配慮し，子どもに緊張感を与える行動は避け，かつ冷静な行動や対応が求められる。

　そして，保護者に連絡を取り記録に基づいて症状や経過を伝える。その際に地域や保育施設内で同様の症状を示すような感染症の発生があれば合わせて伝える。その後，子どもが医療機関に受診した場合には，保護者から速やかに受診の結果を連絡してもらい，保育施設として対応が必要な感染症であれば特に情報と対策を職員間で共有し速やかに対策を行う。

表4−1　消毒薬の種類と用途（厚生労働省，2018）

薬品名	塩素系消毒薬（次亜塩素酸ナトリウム等）	第4級アンモニウム塩（塩化ベンザルコニウム等）※	アルコール類（消毒用エタノール等）
消毒をする場所・もの	・調理および食事に関する用具（調理器具，歯ブラシ，哺乳瓶等） ・室内環境（トイレの便座，ドアノブ等） ・衣類，シーツ類，遊具等	・手指 ・室内環境，家具等（浴槽，沐浴槽，トイレのドアノブ等） ・用具類（足浴バケツ等）	・手指 ・遊具 ・室内環境，家具等（便座，トイレのドアノブ等）
消毒の濃度	・0.02%（200 ppm）〜 0.1%（1,000 ppm）液での拭き取りやつけおき	・0.1%（1,000 ppm）液での拭き取り ・食器のつけおき：0.02%（200 ppm）液	・原液（製品濃度70〜80%の場合）
留意点	・酸性物質（トイレ用洗剤等）と混合すると有毒な塩素ガスが発生するので注意する ・金属腐食性が強く，錆びが発生しやすいので，金属には使えない ・汚れ（有機物）で消毒効果が低下する。このため，嘔吐物等を十分拭き取った後に消毒する。また，哺乳瓶は十分な洗浄後に消毒を行う ・脱色（漂白）作用がある	・経口毒性が高いので誤飲に注意する ・一般の石けんと同時に使うと効果がなくなる	・刺激性があるので，傷や手荒れがある手指には用いない ・引火性に注意する ・ゴム製品，合成樹脂等は，変質するので長時間浸さない ・手洗い後，アルコールを含ませた脱脂綿やウエットティッシュで拭き自然乾燥させる
有効な病原体	すべての微生物（ノロウイルス，ロタウイルス等）	一般細菌（MRSA 等），真菌	一般細菌（MRSA 等），結核菌，真菌，ウイルス（HIVを含む）等
消毒薬が効きにくい病原体		結核菌，大部分のウイルス等	ノロウイルス，ロタウイルス等
その他	・直射日光の当たらない涼しいところに保管する	・希釈液は毎日作りかえる	

※逆性石けんまたは陽イオン界面活性剤ともいう。

　通常の衛生管理における消毒については，消毒をする場所等に応じ，医薬品・医薬部外品として販売されている製品を用法・用量に従って使い分ける。ただし，糞便や嘔吐物，血液を拭き取る場合等については，消毒用エタノール等を用いて消毒を行うことは適当でなく，次亜塩素酸ナトリウムを用いる。

①保育中における発熱症状がある子どもへの対応

　発熱は感染症に伴う症状の一つとしてあらわれることが多い。保育者は子どもの発熱があった場合に次のような対応を取ることが望まれる。

　まず，保護者への連絡が望ましい場合として，38℃以上の発熱があり，「元

気がなく機嫌が悪い」「咳で眠れず目覚める」「排尿回数がいつもより減っている」「食欲なく水分が摂れない」があげられる。ただし，熱性けいれんの既往がある児の場合，37.5℃以上の発熱がある場合には医師の指示に従い対応する。

　また，至急受診が必要と考えられる症状として，38℃以上の発熱の有無にかかわらず，「顔色が悪く苦しそう」「小鼻がピクピクして呼吸が速い」「意識がはっきりしない」「頻回な嘔吐や下痢がある」「不機嫌でぐったりしている」「けいれんを起こす」があげられる。3か月未満の児の場合は38℃以上の発熱があれば受診する。

②保育中における下痢症状のある子どもへの対応

　発熱とともに下痢も感染症に伴う症状としてあらわれることが多い。下痢は一時的に起こる場合もあるが「食事や水分を摂るとその刺激で下痢をする」「腹痛を伴う下痢がある」「水様便が複数回みられる」などの症状がある場合は保護者への連絡が望ましい。

　また，至急受診が必要と考えられる症状としては，「元気がなくぐったりしている」「下痢のほかに，機嫌が悪い，食欲がない，発熱がある，嘔吐する，腹痛があるなどの諸症状がみられる」「脱水症状がみられる」があげられる。脱水症状については，特に「下痢と一緒に嘔吐する」「水分が摂れない」「唇や舌が乾いている」「尿が半日以上出ない」「尿の量が少なく，色が濃い」「米のとぎ汁のような白色水様便が出る」「血液や粘液，黒っぽい便が出る」「目が落ちくぼんで見える」「皮膚の張りがない」「けいれん起こす」などが具体的な症状としてあげられ，注意が必要である。

③保育中における嘔吐の症状がある子どもへの対応

　嘔吐は下痢症状と同様に感染症による症状の一つであらわれることが多い。

　保護者への連絡が望ましい場合として，「複数回の嘔吐があり，水を飲んでも吐く」「元気がなく機嫌，顔色が悪い」「腹痛を伴う嘔吐がある」「下痢を伴う嘔吐がある」があげられる。

　また，至急受診が必要と考えられる場合としては「嘔吐の回数が多く，顔色が悪い」「元気がなくぐったりしている」「血液やコーヒーのかすの様なものを吐く」「嘔吐のほかに複数回の下痢，血液の混じった便，発熱，腹痛等の諸症状がみられる」「脱水症状」などがあげられる。

④保育中における咳の症状がある子どもへの対応

　咳は気管支喘息発作時等の慢性呼吸器疾患の症状としてあらわれることもある。また，気道への細菌やウイルスなどの感染により引き起こされる症状の一つでもある。咳により感染源となる飛沫が周囲に飛散することもあり，注意を要する。

　保護者への連絡が望ましい場合としては「咳があり眠れないとき」「ゼイゼイ音，ヒューヒュー音があるとき（喘息発作の主症状）」「少し動いただけでも咳が出るとき」「咳とともに嘔吐が数回あるとき」があげられる。

　また，至急受診が必要と考えられる場合としては，「ゼイゼイ音，ヒューヒュー音がして苦しそうなとき（喘息発作の主症状）」「犬の遠吠えのような咳が出るとき」「保育中に発熱し，息づかいが荒くなったとき」「顔色が悪く，ぐったりしているとき」「水分が摂れないとき」「突然咳込み呼吸が苦しそうになったとき（異物誤嚥を疑う）」があげられる。

⑤発しん時の対応

　発しんは感染症の症状としてあらわれるほか，食物摂取後および食物摂取後の運動後などに食物アレルギーによるアナフィラキシーの可能性があることを念頭に置く（第5章2節を参照）。

　保護者へ連絡し，受診が必要と思われる場合として発しんが時間とともに増えた場合があげられる。

（2）感染症に罹患した子どもが登園する際の対応

①出席停止期間の把握

　感染症に罹患した子どもが登園する際，保育施設内での感染拡大を防止することが重要である。保育所では学校保健安全法施行規則に規定する出席停止の

表4-2　登園を控えるのが望ましい場合（厚生労働省，2018）

登園前に保護者から相談を受け，以下の表に該当する場合には，登園を控えるよう保護者に伝えるなどの対応が必要。

登園を控えるのが望ましい場合
・24時間以内に複数回の嘔吐がある，嘔吐と同時に体温がいつもより高いなどの症状がみられる場合 ・食欲がなく，水分も欲しがらない，機嫌が悪く元気がない，顔色が悪くぐったりしているなどの症状がみられる場合

表4-3　出席停止の期間の基準（厚生労働省，2018）

〈学校保健安全法施行規則第19条における出席停止の期間の基準〉

○第一種の感染症：治癒するまで

○第二種の感染症（結核および髄膜炎菌性髄膜炎を除く）:
　　次の期間（ただし，病状により学校医その他の医師において感染のおそれがないと認めたときは，この限りでない）
　・インフルエンザ（特定鳥インフルエンザおよび新型インフルエンザ等感染症を除く）
　　　　　　　　　……発症した後5日を経過し，かつ解熱した後2日（幼児にあっては3日）を経過するまで
　・百日咳…………………特有の咳が消失するまでまたは5日間の適正な抗菌性物質製剤による治療が終了するまで
　・麻しん…………………解熱した後3日を経過するまで
　・流行性耳下腺炎……耳下腺，顎下腺または舌下腺の腫脹が発現した後5日を経過し，かつ全身状態が良好になるまで
　・風しん…………………発しんが消失するまで
　・水痘…………………すべての発しんが痂皮（かさぶた）化するまで
　・咽頭結膜熱…………主要症状が消退した後2日を経過するまで

○結核，侵襲性髄膜炎菌感染症（髄膜炎菌性髄膜炎）および第三種の感染症:
　病状により学校医その他の医師において感染のおそれがないと認めるまで

期間の基準に従い，感染症に罹患後の登園の目安を確認しておく必要がある（表4-3，図4-4）。

②感染症罹患後の意見書および登園届

　感染症罹患後，子どもの病状が回復し，集団生活を行うことができるかについては，医師が医学的知見により判断する。

　登園を再開する際には，疾患の種類に応じて「意見書」（医師が記入）または「登園届」（保護者が記入）を保護者から提出する場合があるが，一律に作成・提出が必要となるものではない（表4-4～表4-6）。

（3）保護者等への周知および地域の流行状況の把握

　感染症が保育施設内で発生した場合には，保育施設内で発生している感染症とその症状について保護者に周知し，家庭での子どもの健康観察を十分に行ってもらうように依頼しておく。

　また，保育施設内の感染症発生状況を把握するだけでなく地域の感染状況についてもウェブで提供されている「症候群サーベイランス（http://www.syndromic-surveillance.com/hoikuen/index.html）」で把握しておき，子どもの

＜出席停止期間の算定について＞

　　出席停止期間の算定では，解熱等の現象がみられた日は期間には算定せず，その翌日を1日目とします。

　「解熱した後3日を経過するまで」の場合，例えば，解熱を確認した日が月曜日であった場合には，その日は期間には算定せず，火曜日（1日目），水曜日（2日目）および木曜日（3日目）の3日間を休み，金曜日から登園許可（出席可能）ということになります。

「出席停止期間：解熱した後3日を経過するまで」の考え方

　　また，インフルエンザにおいて「発症した後5日」という時の「発症」とは，一般的には「発熱」のことをさします。日数の数え方は上記と同様に，発症した日（発熱が始まった日）は含まず，その翌日から1日目と数えます。「発熱」がないにもかかわらずインフルエンザと診断された場合は，インフルエンザにみられるような何らかの症状がみられた日を「発症」した日と考えて判断します。

　　なお，インフルエンザの出席停止期間の基準は，「"発症した後5日を経過"し，かつ"解熱した後2日（幼児にあっては3日）を経過"するまで」であるため，この両方の条件を満たす必要があります。

インフルエンザに関する出席停止期間の考え方

図4-4　出席停止期間の算定（厚生労働省，2018）

健康状態の観察に役立てることが望まれる。

　保育施設等における感染症対策では，すべての職員が保育施設等で行われる感染症対応について熟知し，職員間また専門職間で緊密な情報共有や連携を行い，平時からも協力して対応することが求められる。そのためには必要なマニュアルの整備を行い，感染症発生時の初動体制から感染症流行収束までの役割を明確にしておく。また，実情に合わせた定期的にマニュアルの更新や，対応訓練，職員の研修などが求められる。

表4-4　医師が意見書を記入することが考えられる感染症 (厚生労働省, 2018)

感染症名	感染しやすい期間※	登園の目安
麻しん (はしか)	発症1日前から発しん出現後の4日後まで	解熱後3日を経過していること
インフルエンザ	症状がある期間 (発症前24時間から発病後3日程度までが最も感染力が強い)	発症した後5日経過し, かつ解熱した後2日経過していること (乳幼児にあっては, 3日経過していること)
風しん	発しん出現の7日前から7日後くらい	発しんが消失していること
水痘 (水ぼうそう)	発しん出現1～2日前から痂皮 (かさぶた) 形成まで	すべての発しんが痂皮 (かさぶた) 化していること
流行性耳下腺炎 (おたふくかぜ)	発症3日前から耳下腺腫脹後4日	耳下腺, 顎下腺, 舌下腺の腫脹が発現してから5日経過し, かつ全身状態が良好になっていること
結核	―	医師により感染の恐れがないと認められていること
咽頭結膜熱 (プール熱)	発熱, 充血等の症状が出現した数日間	発熱, 充血等の主な症状が消失した後2日経過していること
流行性角結膜炎	充血, 目やに等の症状が出現した数日間	結膜炎の症状が消失していること
百日咳	抗菌薬を服用しない場合, せき咳出現後3週間を経過するまで	特有の咳が消失していることまたは適正な抗菌性物質製剤による5日間の治療が終了していること
腸管出血性大腸菌感染症 (O157, O26, O111等)		医師により感染のおそれがないと認められていること (無症状病原体保有者の場合, トイレでの排泄習慣が確立している5歳以上の小児については出席停止の必要はなく, また, 5歳未満の子どもについては, 2回以上連続で便から菌が検出されなければ登園可能である)
急性出血性結膜炎	―	医師により感染の恐れがないと認められていること
侵襲性髄膜炎菌感染症 (髄膜炎性髄膜炎)	―	医師により感染の恐れがないと認められていること

※感染しやすい期間を明確に提示できない感染症については (―) としている

表4-5　登園届（保護者記入）の参考様式（厚生労働省，2018）

登　園　届　（保護者記入）　　　参考様式

保育所施設長殿

入所児童名＿＿＿＿＿＿＿＿＿＿

＿＿＿＿＿＿年　　　月　　　日　生

（病名）　（該当疾患に☑をお願いします）

	溶連菌感染症
	マイコプラズマ肺炎
	手足口病
	伝染性紅斑（りんご病）
	ウイルス性胃腸炎 （ノロウイルス、ロタウイルス、アデノウイルス等）
	ヘルパンギーナ
	ＲＳウイルス感染症
	帯状疱しん
	突発性発しん

（医療機関名）＿＿＿＿＿＿＿＿＿＿＿（　　年　月　日受診）において
病状が回復し、集団生活に支障がない状態と判断されましたので　　年　月　日
より登園いたします。

年　　　月　　　日

保護者名＿＿＿＿＿＿＿＿＿＿＿＿＿

※保護者の皆さまへ
　保育所は、乳幼児が集団で長時間生活を共にする場です。感染症の集団での発症や流行をできるだけ防ぐことで、一人一人の子どもが一日快適に生活できるよう、上記の感染症については、登園のめやすを参考に、かかりつけ医の診断に従い、登園届の記入及び提出をお願いします。

登園届は，一律に作成・提出する必要があるものではありません。

表4-6　医師の診断を受け，保護者が登園届を記入することが考えられる感染症（厚生労働省，2018）

感染症名	感染しやすい期間※	登園のめやす
溶連菌感染症	適切な抗菌薬治療を開始する前と開始後1日間	抗菌薬内服後24〜48時間が経過していること
マイコプラズマ肺炎	適切な抗菌薬治療を開始する前と開始後数日間	発熱や激しい咳が治まっていること
手足口病	手足や口腔内に水疱・潰瘍が発症した数日間	発熱や口腔内の水疱・潰瘍の影響がなく，普段の食事がとれること
伝染性紅斑（りんご病）	発しん出現前の1週間	全身状態が良いこと
ウイルス性胃腸炎（ノロウイルス，ロタウイルス，アデノウイルス等）	症状のある間と，症状消失後1週間（量は減少していくが数週間ウイルスを排出しているので注意が必要）	嘔吐，下痢等の症状が治まり，普段の食事がとれること
ヘルパンギーナ	急性期の数日間（便の中に1か月程度ウイルスを排出しているので注意が必要）	発熱や口腔内の水疱・潰瘍の影響がなく，普段の食事がとれること
RSウイルス感染症	呼吸器症状のある間	呼吸器症状が消失し，全身状態が良いこと
帯状疱しん	水疱を形成している間	すべての発しんが痂皮（かさぶた）化していること
突発性発しん	—	解熱し機嫌が良く全身状態が良いこと

※感染しやすい期間を明確に提示できない感染症については（—）としている。

 研究課題

1．感染症の発生する3つの要素をあげよう。
2．ワクチンが個人の感染防御だけでなく，集団の感染症の蔓延に効果を示すのはなぜか考えよう。
3．医師が意見書を記入することが考えられる感染症（表4-4）において，登園の目安は何を根拠に設定されているか考えよう。

推薦図書

● 『子どもと一緒にすぐできる！感染症対策サポート・ブック』　藤井祐子（監修）　メイト
● 『学校保健安全法に沿った感染症　最新改訂15版』　岡部信彦　少年写真新聞社
● 『0歳からのワクチン接種ガイド　ワクチンで防げる子どもの病気』　薗部友良（監修）
　日経メディカル開発

第5章
子どもの心身の健康状態とその把握

　子どもは大人に比べて環境への順応能力は低く，また体力などの予備力も少ないなどの特徴を持つ。また，子どもは自分の心身の体調の不良を説明したり，訴えることができにくい。それゆえ，一般的に子どもは大人にくらべて心身の健康状態を崩しやすい傾向がある。さらに体調が急激に変化することもあり注意が必要である。子どもの心身の健康状態の把握を行うために，保育者はまず，健康な子どもの心身の状態を知っておくべきである。そして，保育している子どもの健康状態が変化したときにその変化を適切に観察し，評価し，保育者として必要かつ適切な対応につなげていくことが求められる。本章では保育者にとって必要な子どもの疾病や傷害などによりもたらされる心身の健康状態について学ぶ。

1 節 3歳未満児への対応

　子どもは出生より胎内での環境とは大きく違った外界の環境への適応を開始する。新生児期，乳児期，幼児期と成長し，年齢とともに呼吸器系・循環器系・免疫系が発達する。また，体温調節や水分調節などの生理機能の発達とともに，摂食行動，排泄行動の成長も著しい。

　一方で，特に3歳未満の子どもはそれらの機能や能力，行動の獲得段階であるから，環境の変化への適応能力は年長児に比べて脆弱である。例えば外界の気温の変化にさらされて体温や体内水分量の調節が十分でない場合，熱中症を起こしやすいなどの特徴をもつ。ここでは，年齢別での子どもの特徴を概説し，保育施設等での心身の健康状態の把握のための健康診断，さらには，日々の保育の中で行う健康観察について述べる。

1 ── 3歳未満児の特徴

（1）0歳児の特徴

　0歳児は出生時より体内環境から外界の環境へ適応を開始する。母胎に依存し，子宮内で胎盤を通じて栄養を与えられていた環境から出生と同時に自らの肺で呼吸を開始する。出生時の平均体重は約 3000 g であり，平均身長は約 50 cm である。

　生後4週間未満を新生児期といい，生命維持に必要な呼吸機能，循環機能，体温調節機能は未熟である。また，乳幼児全般に当てはまるが，成人にくらべ体重あたりの水分必要量が多い。また，体内の電解質調節を行う腎機能が未発達のため，摂取する水分が少なかったり，感染症等で下痢が頻回に起こると特に脱水を起こしやすい特徴がある。

　乳児の免疫系も同様に未熟であるが，出生後から6か月頃までは，母親からの胎盤を通じて子どもに移行する抗体（移行抗体）が体内に存在することで感染症を防いでいる。移行抗体は消失するが，自らの免疫系を発達させていくことで外界からの病原体の侵入を防ぐ。しかし，その免疫機能が成人と同様に発達するのは2〜3歳頃といわれており，それまでは特に感染症に罹患する機会が多い。さらに，集団で過ごす時間が長い子どもは，特に感染症罹患の機会が

多い。

　乳幼児の疾病のうち，生後すぐは特に先天性疾患が見つかることが多い。また，2018（平成30）年の厚生労働省の乳児の死亡統計ではその原因として多い順に，「先天奇形，変形及び染色体異常」「周産期に特異的な呼吸障害及び心血管障害」「不慮の事故」「乳幼児突然死症候群」と報告している。

　睡眠中に乳幼児が死亡する原因の一つである，乳幼児突然死症候群（SIDS: Sudden Infant Death Syndrome）は，乳児期の死亡原因の第4位であり，予兆や既往歴もないまま乳幼児が死に至る原因の不明の病気で，窒息などの事故とは異なる。2018（平成30）年には約60名の乳幼児がSIDSで死亡している。SIDSの予防方法はないが，その発症率を低下させる可能性があると考えられているのは，「1歳未満はできるだけ寝かせるときはあおむけに寝かせること」「できるだけ母乳で育てること」「保護者や身近な人が禁煙すること」である。

（2）1歳児の特徴

　ヒトは1歳で体重が生まれたときの約3倍，身長は約1.5倍に成長する。出生後1歳までの成長と比べてその成長速度は遅くなるものの，この時期には立ち上がって歩くことが可能となり，活動が盛んになる。

　身体的機能の成長とともに，生理的機能も成長していく。消化器機能はこの時期にほぼ成人と同じ機能をもつまでに成長が完了し，免疫機能も1歳になるとその機能が向上し，自らの免疫系を使い病原体とたたかう機能を得ていく。

　一方で，0歳児同様，この年齢の子どもの予備力は低く，0歳児ほどではないものの，嘔吐・下痢などによる脱水や発熱による体力消耗には脆弱である。また，0歳児のときとは異なり，屋外での活動も増えるため，季節ごとに健康に留意する事柄も変わる。例えば，夢中で外遊びを行って発汗が多くなり，熱中症や脱水症状を起こすなどのリスクも年齢とともに上がってくる。子ども自身の心身や生理機能の成長に加え，成長するごとに子どもの行動様式や行動範囲が広がることでおこる健康障害や事故も注意しておかなければならない。

　消化機能の発達と並行して乳歯が生えそろってくる。個人差があるものの，乳歯が6カ月頃から生え始め，1歳半以降2歳〜3歳には，乳歯20本が生えそろう。食事や間食の種類も増えるため，特に齲歯に注意していくことが必要になる。

（3）2歳児の特徴

　2歳になると身長は出生時の約1.8倍，体重は約4倍となる。生理的機能も消化器系の機能も免疫機能も十分に成長する。両足でしっかりと立ち，走ることもある程度安定してできるようになるなど，運動機能が発達し，また自我が生まれる社会性の獲得の入口にいる。

　また，視覚や聴覚などの異常，特に難聴については1歳までに専門的な介入を行えば発音の矯正が効果的に行える可能性が高まることから，専門医への受診が重要である。

　一方で言葉の発達は個人差が大きく，遅れが気になる場合には経過を注視してく。その間，個人差が大きい発達段階で有ることを充分に考慮する。保護者等が子どもに無理に発語を促すなどのプレッシャーを与えることは，かえって子どもの発語の機会を奪うことにもつながることに留意したい。専門家の意見を聞きながら対応していくことが肝要である。

表5-1　乳児および3歳未満児に共通する健康に関する配慮事項

①入所時の健康状態の把握
・生育歴
・既往歴
・アレルギーの有無，予防接種等の確認
②定期健康診断
・一人ひとりの発育および発達の状態の把握（身体測定，内科・歯科検診など）
・結果については保護者にフィードバックする。
③日々の心身の健康状態の把握
・登園時の視診
・保護者からの情報
・疾病や異常の早期発見（機嫌・顔色・皮膚の状態・体温・泣き声・全身状態等の観察）
・保育中に体調不良や障害が発生したときの対応
④衛生管理
・衛生面に留意した環境（部屋の温度・湿度・換気・採光等）
・清掃や消毒（部屋の清掃・遊具や歯ブラシの消毒）
・感染症の発生時対応
⑤健康増進
・保育の中に外気浴や外遊びを多く取り入れる
・生活リズムの大切さや季節ごとの保健情報は保護者にも発信する。
⑥食事と食育
・健康な生活の基本として，「食を営む力」の育成にむけて，その基礎を培う。乳幼児にふさわしい食生活を提供する。

郵便はがき

6 0 3 - 8 7 8 9

028

京都市北区紫野
十二坊町十二—八

北大路書房

編集部　行

料金受取人払郵便

京都北郵便局承認
2139

差出有効期間
2021年12月31
日まで

切手は不要です。
このままポストへ
お入れ下さい。

（今後出版してほしい本などのご意見がありましたら，ご記入下さい。）

《愛読者カード》

書 名

購入日　　　年　　　月　　　日

おところ　（〒　　　－　　　）

（tel　　　－　　　－　　　）

お名前（フリガナ）

男・女　　　歳

あなたのご職業は?　○印をおつけ下さい

(ア)会社員　(イ)公務員　(ウ)教員　(エ)主婦　(オ)学生　(カ)研究者　(キ)その他

お買い上げ書店名　都道府県名（　　　　　）

書店

本書をお知りになったのは?　○印をおつけ下さい

(ア)新聞・雑誌名（　　　　　　　　）　(イ)書店　(ウ)人から聞いて
(エ)献本されて　(オ)図書目録　(カ)DM　(キ)当社HP　(ク)インターネット
(ケ)これから出る本　(コ)書店から紹介　(サ)他の本を読んで　(シ)その他

本書をご購入いただいた理由は?　○印をおつけ下さい

(ア)教材　(イ)研究用　(ウ)テーマに関心　(エ)著者に関心
(オ)タイトルが良かった　(カ)装丁が良かった　(キ)書評を見て
(ク)広告を見て　(ケ)その他

本書についてのご意見（表面もご利用下さい）

このカードは今後の出版の参考にさせていただきます。ご記入いただいたご意見は
無記名で新聞・ホームページ上で掲載させていただく場合がございます。
お送りいただいた方には当社の出版案内をお送りいたします。

※ご記入いただいた個人情報は、当社が取り扱う商品のご案内、サービス等のご案内および社内資料の
作成にのみ利用させていただきます。

2——健康診断

（1）入園前健康診断

　保育所や幼稚園などに入園する前の子どもと保育者・関係の医療者の間をつなぎ，子どもの健康や成長に関する情報を伝えるために，入園児の健康診断や健康調査表は重要な役割を占める。

　保育所や幼稚園などに入園する前の家庭での過ごし方や，健康状態，既往歴，予防接種の接種状況などは健康調査票で把握する。母子手帳を参考に記入してもらい，正確な情報を得ておくようにする。また，入園後も把握している情報は定期的に最新の情報に更新するように保護者にも協力を得ておく。

　発熱や喘息発作，アナフィラキシーショックなどの急病時の対応についても情報を得ておくだけでなく，必要に応じてかかりつけ医等と連携し，いわゆる「顔の見える関係」を構築しておくことも大切である。かかりつけ医療機関の連絡先だけでなく，保育施設等からかかりつけ医療機関までの距離や，交通手段についても入園児の面談などを活用し情報を共有しておく。

（2）乳幼児健康診査と保育園での園医と連携した定期健康診断

　乳幼児健康診査は，母子保健法に基づく保健事業であり，区市町村で実施されている。その目的は「母性並びに乳児及び幼児の健康の保持及び増進を図るため，母子保健に関する原理を明らかにするとともに，母性並びに乳児及び幼児に対する保健指導，健康診査，医療その他の措置を講じ，もつて国民保健の向上に寄与することを目的とする」とされ，乳幼児の健康状態，保護者の育児への関わりなどを把握し，必要な保健指導を行うことで子どもと保護者の健康の保持増進を図ることを目的としている。乳幼児健康診査は1歳6か月児（満1歳6か月以上満2歳未満）と3歳児（満3歳以上満4歳未満）については母子保健法で健康診査が義務づけられている。保育所においては，児童福祉施設の設備及び運営に関する基準で，学校保健安全法に準じ，健康診断の実施が年2回義務づけられている。

　健康診断では，嘱託医等により疾患の把握，発育・発達状況や予防接種歴等をふまえ総合的に児の心身の健康とリスクが評価される。一人ひとりの児の心身の健康状態について嘱託医等と緊密な情報交換を行い，疾病の予防や健やか

な成長発達に生かしていくことが重要である。また，児の健康状態に関する情報は保育時だけに用いるものでなく，保護者等への助言・指導を通じて自宅における食生活や生活リズム等の改善につなげていく。

（3）予防接種歴の把握

　感染症対策の基本は予防である。予防接種はその感染症を防ぐ一番の切り札である。現在接種が可能なワクチンのほぼすべては，重篤な疾病でかつ治療法がない，もしくは限られている疾患に対するものであり，罹患する前にワクチンをワクチンごとに接種が推奨されている時期に計画的に接種していくことが重要である。予防接種を受けることで病気にかかることを避けられたり，かかっても重症化を防ぐことができる効果がある。しかし，その予防接種の効果は一般的には目に見えにくいものであるので，時に予防接種の意義が軽んじられることがあるが，予防接種により導かれた受動的な免疫が重篤な感染症から個人を守っていることを忘れてはならない。また，保育の場のような集団，また，社会において感染症の発生や蔓延を抑えていくことは公衆衛生の視点においても特に重要である。個人の予防接種歴の把握は重要であり，また，その年齢までに接種が推奨されているワクチンの接種ができていなければ，かかりつけ医等とも相談しながら，優先順位をつけて接種していくように保育者は助言を行う。

　予防接種の種類や接種のスケジュールは，新たなワクチンの開発や社会における感染症の流行状況等によって修正・改変されているので，ウェブサイトなどを通じてその時点での最新の情報を得ておくことが必要である（図4-2参照）。

（4）入園直後および日々の保育における健康観察

　入園後直後は子どもも保護者も新しい環境や生活リズムに適応するために，心身ともに不安定になりやすい。入園後の子どもの様子は体調や表情を含めながら積極的に保護者と共有し，個別性をもたせながら，子どもが少しでも早く日々の保育のリズムに慣れるように保育者と保護者で環境に適応を促すような工夫や介入をしていく。また，特に食事の場面，遊びの場面，他者との関わりの場面など子どもの育ちや発達が見られる場面のエピソードなどを保育者は保護者と共有し，心身の健康の維持や増進も念頭に入れつつ，保育の場と家庭の

両方で子どもの成長を支えていくことができるような環境づくりが大切である。

　ところで，年齢に応じた健康観察の視点や健康診断，予防接種歴の把握も子どもの健康の保持や増進に欠かせないが，保育者として同様に重要なのが普段の保育における健康観察である。例えば，着替え，おむつ替えのときの全身状態の丁寧な観察は虐待の早期発見につながり，皮膚状態の観察からは自宅での保清の状況を把握することができる。

　このように，日々の保育の一つひとつの行為から得た情報をもとに保育者一人ひとりが子どもたちの健康を評価し，それらの情報を同職種，他職種間で適切に共有し保育に再度還元していくことは，子どもの健康状態の切れ目ない把握につながっていくといえる。

節 慢性疾患，アレルギー等，個別な配慮を要する子どもへの対応

1 ——個別的な配慮を必要とする慢性疾患

　徐々に発症して治療や経過が長期に及ぶ疾患を慢性疾患と呼ぶ。慢性疾患にはアレルギー性疾患，神経・筋疾患，心臓疾患，内分泌疾患，泌尿器疾患，消化器疾患，呼吸器疾患，血液・腫瘍疾患，免疫疾患などがある。慢性疾患は，症状が一定せず，経過が長期に及び，治療を受けても完全には治癒しにくいという特徴をもつ。慢性疾患をもつ子どもは，長期の入院生活や定期的な通院が必要になることがしばしばあり，発達途上にある子どもにとっては，治療を受けるだけでなく発達を促す遊びや学習が欠かせない。

　また，慢性疾患をもつ子どもの家族への配慮も必要不可欠である。保護者は，長い間病気の子どもをケアする中で心身ともにストレスが高く，きょうだい児がいる場合，そのきょうだい児も影響を受けていることが多い。保育所は，保育指針に示される通り，本来一人ひとりの子どもが，快適に生活できることを保障しながら保育を進める場である。慢性疾患や障害をもっていても，その子なりの成長発達を最大限に発揮できるように工夫した保育を提供する。子ども一人ひとりの発達の特性や個性も含めた理解と，今ある健康状態をよりよく保ちながら無理なく過ごしていくことができる環境が求められる。

2——アレルギー疾患

　免疫反応は，本来，細菌・ウイルスなどの有害な外敵から体を守る働きである。アレルギー疾患とは，本来なら反応しなくてもよい無害なものに対する過剰な免疫反応によっておこる。保育所において対応が求められる，乳幼児がかかりやすい代表的なアレルギー疾患には，食物アレルギー，アナフィラキシー，気管支喘息，アトピー性皮膚炎，アレルギー性結膜炎，アレルギー性鼻炎などがある。

（1）アトピー性皮膚炎
①原因・症状・治療

　アトピー性皮膚炎は皮膚にかゆみのある湿疹が出たり治ったりを繰り返す疾患で，両親のどちらかのアトピー素因を受けついで発症する場合が多い。アトピー素因とは，アレルギーになる要因に対して，免疫反応を起こしやすい体質のことをいう。アトピー性皮膚炎を有する子どもの割合は，約1割といわれている。

　皮膚が乾燥しやすく，外界からの刺激から皮膚を守るバリア機能が弱い生まれながらの体質に，さまざまな環境条件が重なってアトピー性皮膚炎を発症する。環境条件としては，ダニやホコリ，食物，動物の毛，汗，洗剤，プールの塩素など，様々な悪化因子があり個々に異なる。

　乳児期では顔や体などに赤いブツブツとした発疹，首やわきなどにジクジクとした発疹が出ることが多いが，年齢がもう少し大きくなり幼児期，小児期になると皮膚の乾燥，ザラザラが目立ってきて，腕の内側，膝のうしろなどに特徴的な湿疹がみられるようになる。

　経過が慢性で軽快したり悪化したりを繰り返すが，適切な治療やスキンケアによって症状のコントロールは可能で，他の子どもと同じ生活を送ることができる。

②アトピー性皮膚炎の対応
- 原因・悪化因子を取り除くこと：室内の清掃・換気・食物の除去など（個々に異なる）室内の環境整備だけでなく，場合によっては外遊び，プール時に対応が必要となることがある。

- スキンケア：皮膚の清潔と保湿　かゆみが強いため皮膚の清潔，軟膏類による保湿，運動後のシャワー，爪を短く切るなどの対応をとる。保湿剤は一日に何度も塗る必要があるので，保育時間中の塗布が必要となる。
- 薬物療法：患部への外用薬の塗布，かゆみに対する内服薬など勝手な判断をせず医師の指示に従う。保育時間中に塗布が必要なため，薬を預かる場合もある。こまめな受診を保護者に促す。

（2）気管支喘息

　気管支喘息は発作性の咳や喘鳴を伴う呼吸器疾患で，3歳以上の子どもで数％の割合でいる。多くにアトピー素因が認められる。アレルギー反応により，気管支の平滑筋が収縮し，気道が狭窄することにより呼吸困難となった状態を気管支喘息の発作という。典型的には，発作性にゼーゼー，ヒューヒューという喘鳴を伴った呼吸困難が起きる。息を吐くときが特に苦しい。

　アレルギー反応の原因となるアレルゲンは，ハウスダストやダニなどの吸入抗原が多く，温度変化，季節の変わり目や天候不順（春や秋，梅雨や台風冷たい空気），疲れているときやストレスを感じているとき，風邪やインフルエンザなどの感染症，長距離走や冬期の激しい運動なども起こりやすい要因となる。

　発作が起きたときには，水分をとらせ，腹式呼吸させるようにする。呼吸困難発作に対する治療は，気管支拡張薬の吸入が主体となるが，重症度によって使われる薬物が異なる。水分が飲めなくなったり，苦しそうな咳や呼吸が続いたりするときは医療機関で吸入や点滴などの治療を受ける。ほとんど発作を起こさない軽度の子どもに対しては，保護者や主治医と相談して，できるだけ園生活での制限を設けることなく活動させるとよい。体力をつけることで発作が起きにくくなるので，発作のないときは運動の機会を与えるのもよい。気管支喘息症状の予防には，アレルゲンを減らすための環境整備が極めて重要である。そのため，保育所での生活環境は，室内清掃だけでなく，寝具についても注意する。発作時の園や家庭での対応は，発作の重症度によって異なる。

　ゼイゼイいうものの食事や睡眠が可能な程度の軽度の発作が起きたときには，まず心身の安静をはかる。一般的には，寝かせたり，横になるよりも座ったほうが楽に呼吸ができる。痰が出る場合は，水を飲むと痰が吐き出しやすくなる。保育時間中に喘息発作が起きたときには保護者に連絡する。食事が困難で横に

なると苦しいので座って過ごすような中度以上の発作の場合は医療機関に連れて行く。呼吸困難で意識が低下するなどの状態がみられれば救急車を呼ぶ。

（3）食物アレルギー

①原因・症状・治療

　食物アレルギーとは，特定の食物が原因でアレルギー反応が起こり，じんましんや嘔吐，下痢，咳，ゼイゼイ（喘鳴），呼吸困難などの症状が出ることをいう。食物アレルギーの頻度はわが国の子どもでは数％で，若年ほど高く，年長児になるにつれ減っていく。アレルギー症状の原因となる食物は食物アレルゲンとよばれ，本体は食物中のたんぱく質である。原因食物は，0歳では鶏卵，牛乳，小麦の順で多く，年齢とともに鶏卵，牛乳が減り，替わりに魚卵や豆類などが多くなってくる。

　「原因となる食物を摂取しないこと」が治療の基本である。万一，症状が出現した場合には，速やかに適切な対処を行うことが重要である。じんましんなどの軽い症状に対しては薬の内服や経過観察により回復することもあるが，ゼイゼイ・呼吸困難・嘔吐・ショックなどの中等症から重症の症状では医療機関の受診が必要である。

②保育所での食物アレルギーへの対応

　保育所における食物アレルギー対応にあたっては，アレルギー児に対しても給食を提供することを前提とした上で，生活管理指導表を活用し，組織的に対応する。安全への配慮を重視し，できるだけ単純化し，「完全除去」か「解除」の両極で対応する。子どもが初めて食べる食品は，家庭で安全に食べられることを確認してから，保育所での提供を行う。誤食の主な発生要因となる人的エラーを防ぐために，保育所の職員全員で認識を共有し，対策を行う。保育所における子どもの誤食は，食事だけでなく，遊びの場面においても発生するので，職員全体で発生要因を認識し，誤食リスクを減らす。

　保育所では，健康な生活の基本としての「食を営む力」の育成に向け，乳幼児期にふさわしい食生活が展開されることもあわせて考えたい。成長が著しい子どもの心身の健全な発育・発達の観点から，不必要な食物除去がなされることがないよう，食物除去は医師の指示に従うものとする。

（4）アナフィラキシー

　アレルギー反応により，じんましんなどの皮膚症状，腹痛や嘔吐などの消化器症状，ゼイゼイ，息苦しさなどの呼吸器症状等が，複数同時にかつ急激に出現した状態をアナフィラキシーという。その中でも，血圧が低下し意識レベルの低下や脱力等を来すような場合を，特にアナフィラキシーショックとよび，直ちに対応しないと生命にかかわる重篤な状態である。

　意識障害などがみられる子どもに対しては，まず適切な場所に足を頭より高く上げた体位で寝かせ，顔を横向きにし，医療機関へ救急搬送する。

　保育所において，乳幼児がアナフィラキシーショックの可能性があって，アドレナリン自己注射薬である「エピペン®」の処方を受けて保育所で預かっている場合には，居合わせた保育所の職員が，自ら注射できない子ども本人に代わって使用（注射）することが認められる。ただし，「エピペン®」を使用した後は，速やかに救急搬送し，医療機関を受診する。

（5）生活管理指導表の活用

　保育所において，保護者や嘱託医等との共通理解の下で，アレルギー疾患を有する子ども一人ひとりの症状等を正しく把握し，子どものアレルギー対応を適切に進めるためには，保護者の依頼を受けて，医師（子どものかかりつけ医）が記入する「保育所におけるアレルギー疾患生活管理指導表」（表5-2-1，表5-2-2）に基づき適切に対応する。生活管理指導表は，医師と保護者，保育所の間での重要なコミュニケーションツールとなる。

3 ── 糖尿病

　糖尿病には1型と2型があるが，子どもがかかるのは1型である。1型糖尿病は，インスリンが不足して血糖値のコントロールが上手にできず高血糖となるので，いったん発症するとインスリン注射，血糖測定，低血糖の対処が生涯にわたり必要となる。保育園での食事や運動については，家族や主治医と細かく連絡をとり合ってどのようにしていけばよいのか話し合う。年長児になると，自己注射の指導を行うが，集団生活をしているときには，落ち着いて注射できる保健室などの場所を提供し，手洗いをして清潔に注射できるように配慮する。

　インスリンの皮下注射を行っている場合には，ときに低血糖になって，顔色

表5-2-1 参考様式 保育所におけるアレルギー疾患生活管理指導表（表面）（厚生労働省, 2019）

保育所におけるアレルギー疾患生活管理指導表（食物アレルギー・アナフィラキシー・気管支ぜん息）

提出日　　　年　　月　　日

名前＿＿＿＿＿＿＿＿＿　男・女　　　年　月　日生（　歳　ヶ月）　　　組

※この生活管理指導表は、保育所の生活において特別な配慮や管理が必要となった子どもに限って、医師が作成するものです。

保育所での生活上の留意点

★保護者
電話：

★連絡医療機関
医療機関名：
電話：

記載日　　　年　　月　　日
医師名
医療機関名
電話

（食物アレルギー・アナフィラキシー　あり・なし）

A. 食物アレルギー病型
1. 食物アレルギーの関与する乳児アトピー性皮膚炎
2. 即時型
3. その他（新生児・乳児消化管アレルギー・口腔アレルギー症候群・食物依存性運動誘発アナフィラキシー・その他：　　　）

B. アナフィラキシー病型
1. 食物（原因：　　　　　　　　　　　　　）
2. その他（医薬品・食物依存性運動誘発アナフィラキシー・ラテックスアレルギー・昆虫・動物のフケや毛）

C. 原因食品・除去根拠
該当する食品の番号に○をし、かつ（ ）内に除去根拠を記載

[除去根拠] 該当するものを全て〈 〉内に番号を記載
①明らかな症状の既往
②食物経口負荷試験陽性
③IgE抗体等検査結果陽性
④未摂取

1. 鶏卵（　）
2. 牛乳・乳製品（　）
3. 小麦（　）
4. ソバ
5. ピーナッツ
6. 大豆
7. ゴマ
8. ナッツ類＊（すべて・クルミ・カシューナッツ・アーモンド・　）
9. 甲殻類＊（すべて・エビ・カニ・　）
10. 軟体類・貝類＊（すべて・イカ・タコ・ホタテ・アサリ・　）
11. 魚卵＊（すべて・イクラ・タラコ・　）
12. 魚類＊（すべて・サバ・サケ・　）
13. 肉類＊（鶏肉・牛肉・豚肉・　）
14. 果物類＊（キウイ・バナナ・　）
15. その他（　　　　）
＊（ ）の中の該当する項目に○をするか具体的に記載すること

D. 緊急時に備えた処方薬
1. 内服薬（抗ヒスタミン薬、ステロイド薬）
2. アドレナリン自己注射薬「エピペン®」
3. その他（　　　）

保育所での生活上の留意点

A. 給食・離乳食
1. 管理不要
2. 管理必要（管理内容については、病型・治療のC. 欄及びD. 欄を参照）

B. アレルギー用調整粉乳
不要
必要　下記該当ミルクに○、又は（ ）内に記入
ミルフィー HP・ニューMA-1・MA-mi・ペプディエット・エレメンタルフォーミュラ・その他（　　　）

C. 除去食品においてより厳しい除去が必要なもの
病型・治療のC. 欄で除去の際に、より厳しい除去が必要となるもののみに○をつける
※本欄に○がついた場合、該当する食品を使用した料理については、給食対応が困難となる場合があります。

鶏卵：　卵殻カルシウム
牛乳・乳製品：　乳糖
小麦：　醤油・酢・麦茶
大豆：　大豆油・醤油・味噌
ゴマ：　ゴマ油
魚類：　かつおだし・いりこだし
肉類：　エキス

D. 食物・食材を扱う活動
1. 管理不要
2. 原因食材を教材とする活動の制限（　　　）
3. 調理活動時の制限（　　　）
4. その他（　　　）

E. 特記事項
（その他に特別な配慮や管理が必要な事項がある場合には、医師が保護者と相談のうえ記載。対応内容は保育所が保護者と相談のうえ決定）

（気管支ぜん息　あり・なし）

A. 症状のコントロール状態
1. 良好
2. 比較的良好
3. 不良

B. 長期管理薬（短期追加治療薬を含む）
1. ステロイド吸入薬
剤形：　　投与量（日）：
2. ロイコトリエン受容体拮抗薬
3. DSCG吸入薬
4. ベータ刺激薬（内服・貼付薬）
5. その他（　　　）

C. 急性増悪（発作）治療薬
1. ベータ刺激薬吸入
2. ベータ刺激薬内服
3. その他（　　　）

D. 急性増悪（発作）時の対応（自由記載）

保育所での生活上の留意点

A. 寝具に関して
1. 管理不要
2. 防ダニシーツ等の使用
3. その他の管理が必要（　　　）

B. 動物との接触
1. 管理不要
2. 動物への反応が強いため不可　動物名（　　　）
3. 飼育活動等の制限（　　　）

C. 外遊び、運動に対する配慮
1. 管理不要
2. 管理必要（管理内容：　　　）

D. 特記事項
（その他に特別な配慮や管理が必要な事項がある場合には、医師が保護者と相談のうえ記載。対応内容は保育所が保護者と相談のうえ決定）

記載日　　　年　　月　　日
医師名
医療機関名
電話

● 保育所における日常の取り組み及び緊急時の対応に活用するため、本表に記載された内容を保育所の職員及び消防機関・医療機関等と共有することに同意しますか。

・同意する
・同意しない

保護者氏名

表5-2-2　参考様式　保育所におけるアレルギー疾患生活管理指導表（裏面）（厚生労働省，2019）

保育所におけるアレルギー疾患生活管理指導表（アトピー性皮膚炎・アレルギー性結膜炎・アレルギー性鼻炎）

名前　_____　男・女　____年__月__日生（__歳__ヶ月）　____組　　　　提出日　____年__月__日

※この生活管理指導表は，保育所の生活において特別な配慮や管理が必要となった子どもに限って，医師が作成するものです。

アトピー性皮膚炎（あり・なし）

病型・治療

A. 重症度のめやす（厚生労働科学研究班）
1. 軽症：面積に関わらず，軽度の皮疹のみみられる。
2. 中等症：強い炎症を伴う皮疹が体表面積の10%未満にみられる。
3. 重症：強い炎症を伴う皮疹が体表面積の10%以上，30%未満にみられる。
4. 最重症：強い炎症を伴う皮疹が体表面積の30%以上にみられる。
※軽度の皮疹：軽度の紅斑，乾燥，落屑主体の病変
※強い炎症を伴う皮疹：紅斑，丘疹，びらん，浸潤，苔癬化などを伴う病変

B-1. 常用する外用薬
1. ステロイド軟膏
2. タクロリムス軟膏（「プロトピック®」）
3. 保湿剤
4. その他（　　）

B-2. 常用する内服薬
1. 抗ヒスタミン薬
2. その他（　　）

C. 食物アレルギーの合併
1. あり
2. なし

保育所での生活上の留意点

A. プール・水遊び及び長時間の紫外線下での活動
1. 管理不要
2. 管理必要

B. 動物との接触
1. 管理不要
2. 動物への反応が強いため不可　動物名（　）
3. 飼育活動等の制限（　）

C. 発汗後
1. 管理不要
2. 管理必要（管理内容：　）
3. 夏季シャワー浴（施設で可能な場合）

D. 特記事項
（その他に特別な配慮や管理が必要な事項がある場合には，医師が保護者と相談のうえ記載。対応内容は保育所が保護者と相談のうえ決定）

記載日　　年　　月　　日
医師名
医療機関名
電話

アレルギー性結膜炎（あり・なし）

病型・治療

A. 病型
1. 通年性アレルギー性結膜炎
2. 季節性アレルギー性結膜炎（花粉症）
3. 春季カタル
4. アトピー性角結膜炎
5. その他（　）

B. 治療
1. 抗アレルギー点眼薬
2. ステロイド点眼薬
3. 免疫抑制点眼薬
4. その他（　）

保育所での生活上の留意点

A. プール指導
1. 管理不要
2. 管理必要（管理内容：　）
3. プールへの入水不可

B. 屋外活動
1. 管理不要
2. 管理必要（管理内容：　）

C. 特記事項
（その他に特別な配慮や管理が必要な事項がある場合には，医師が保護者と相談のうえ記載。対応内容は保育所が保護者と相談のうえ決定）

記載日　　年　　月　　日
医師名
医療機関名
電話

アレルギー性鼻炎（あり・なし）

病型・治療

A. 病型
1. 通年性アレルギー性鼻炎
2. 季節性アレルギー性鼻炎（花粉症）
主な症状の時期：春，夏，秋，冬

B. 治療
1. 抗ヒスタミン薬・抗アレルギー薬（内服）
2. 鼻噴霧用ステロイド薬
3. 舌下免疫療法
4. その他（　）

保育所での生活上の留意点

A. 屋外活動
1. 管理不要
2. 管理必要（管理内容：　）

B. 特記事項
（その他に特別な配慮や管理が必要な事項がある場合には，医師が保護者と相談のうえ記載。対応内容は保育所が保護者と相談のうえ決定）

記載日　　年　　月　　日
医師名
医療機関名
電話

●保育所における日常の取り組み及び緊急時の対応に活用するため，本表に記載された内容を保育所の職員及び消防機関・医療機関等と共有することに同意しますか。
□同意する
□同意しない

保護者氏名

103

が悪くなって倒れることがある。低血糖症状を放置すると意識障害・けいれんなどが起こり，低血糖性昏睡に陥るので生命の危険が生じる。そのときには，早めに甘い飲み物か菓子類を与える。他の子どもには，健康のために飲ませたり食べさせたり必要があることを理解させる。

　２型糖尿病はいわゆる成人によくみられる生活習慣病で，子どもの場合発症は学童期以降がほとんどである。食事療法と運動療法が治療の中心となり，生活習慣の改善によるところが大きい。

4 ── ネフローゼ症候群

　腎臓の糸球体の異常で尿に大量のタンパクが排泄される疾患である。瞼や顔，手足のむくみや体重増加，尿量減少，食欲不振や嘔吐などの症状が出る。ネフローゼ症候群では，かぜなどの感染を契機に再発や再燃を繰り返すことがある。

　治療でステロイドを用いることが多く，その副作用により免疫力が低下している子どもも多いため，感染症などへの配慮が必要である。特に保育所や幼稚園で特定の感染症が流行している場合の対処については事前に保護者と相談しておくことが必要である。ステロイドには，ムーンフェイス（満月のように顔が丸くなる）や多毛などの副作用がみられ，それらを気にする子どももいるため，子どもの精神的な援助も必要である。

5 ── 先天性心疾患

　先天性心疾患は生まれたとき心臓に何らかの異常があることである。およそ100 人に１人いるといわれる。自然に治ってしまう場合，何回か手術をする場合，心臓に負担をかけないよう運動を制限している場合，残念ながら完全な治療ができない場合など，さまざまである。

　先天性心疾患の中で最も多いのが心室中隔欠損で，その次がファロー四徴症である。心室中隔欠損症は心臓の中の左心室と右心室を仕切る壁に穴が開いているもので，小さな穴ではほとんど症状がなく，心電図等も異常がなく，自然に塞がることも多い。大きな穴の場合は，体重増加不良や呼吸器の症状を伴う。血液の逆流があり，心臓や肺に負担がかかるので，手術でこの穴を塞ぐ。

　ファロー四徴症では，心臓の発生の段階で異常が起こり，肺動脈への通路が

狭くなりチアノーゼ（低酸素血症のために口唇や爪床が紫色になる症状）が起こる。主に乳児期に発し，年齢ともにチアノーゼが起こる頻度が増える。日常生活が送れるよう，乳児期から手術が行われる。年齢が上がると，別の種類の手術を行う必要が出てくるが，術後の経過が良ければ日常生活や，軽いスポーツ程度は可能となる。運動中の水分補給を心がけることも大切である。

6 ——川崎病

　原因は不明であり，４歳以下の乳幼児に好発する。わが国で初めて報告され，病名に報告者の名前がついている。全身の血管が炎症を起こし，５日以上続く高熱や眼球結膜の充血，唇の発赤，イチゴ舌，頸部リンパ節の腫脹などが現れる。回復期には手足の指先から皮がむけるという特徴がある。合併症として，心臓に血液を送り込んでいる冠状動脈に動脈瘤ができ，血栓ができると心筋梗塞を起こすことがあるため，早く熱を下げ炎症を減らすための治療が行われる。

　経過によっては動脈瘤が残り，血を固まりにくくする薬を飲む必要がある子どももいる。薬を飲みながら登園して来る子どもの場合，ケガをしないように注意する。万が一ケガをした場合は，注意深く止血する。頭蓋内出血が心配なので，頭などを強く打つことがないよう注意する。

7 ——医療的ケア児

（1）医療的ケア児と保育

　医療技術の進歩普及により，重い疾病を持つ子どもなどが助かるようになり，生活していくうえで医療的ケアを必要とする子どもの数が増えている。「医療的ケア」は，日常生活の中で長期にわたり継続的に必要とされるもので，病気の治療などのために一時的に行うものは含まれない。医療的ケアの代表例としては，喀痰吸引・経管栄養などが挙げられる。「医療的ケア児」とは，日常生活を営むために医療を要する状態にある子どものことである。

　医師が医学的判断と技術をもって行わないと危険な状況が起こりうる行いを医師以外が実施することが，2011（平成23）年の法改正（社会福祉士及び介護福祉士法の一部改正）によって，一定の研修を修了して業務の登録認定を受けた場合に認めらるようになった。保育士等の職員についても，特定の医療的ケ

アについては法律に基づいて実施することが可能となった。その内容は，①口腔内の喀痰吸引，②鼻腔内の喀痰吸引，③気管カニューレ内の喀痰吸引，④胃ろうまたは腸ろうによる経管栄養，⑤経鼻経管栄養の5つである。

　2016（平成28）年5月に児童福祉法が改正され，保育所で医療的ケア児を受け入れるようになった。医療的ケア児においても，他の子どもと同様に，健やかな成長・発達のために一人ひとりの発達・発育状況に応じた保育を提供することが重要であり，適切かつ安全に医療的ケアを提供することはもちろんのこと，周りの子どもとの関わりや1日の生活の流れなど，乳幼児期にふさわしい環境を整えることが求められる。医療機器によるケガ等を防止するための配慮や，医療的ケアに関する子どもからの純粋な疑問に子どもにも分かるように答えていくことなども必要となる。

（2）保育園での医療的ケアの実践

　保育士等が医療的ケアを行う場合には，医師の指示が必要である。登園前の健康状態や登園中の様子に関する保護者への聞き取りなどを通じて当日の健康状態を確認した上で，医療的ケアをしながらの保育が可能かどうかを判断する。保育所中の医療的ケアの実施状況や子どもの様子を保護者に伝える必要がある。緊急時の連絡手段も確認しておく。

　日々の健康状態や医療的ケアの実施結果は記録，保管することが望ましい。医療的ケアの実施に当たっては，事前に主治医に具体的な内容や留意点，準備すべきこと等について個別に確認し，指導を受けることが望ましい。健康診断やその事後措置，健康相談等を依頼している保育所の嘱託医には，医療的ケア児の個別の状況について十分な情報を提供する。主治医だけでなく，地域の医師会や看護団体，その他医療関係者との協力体制を確保しておく。

8 ── 保育園で与える薬

（1）保育園での与薬

　保育園へ登園する子どもたちに対して，通常業務として保育園で薬を扱うことはない。ただし，個別に配慮の必要な子どもでは，医師の指示により保育時間内に薬を与える必要が生じる場合が多い。保育所において薬を与える場合は，医師の指示に基づいた薬に限定し，保護者に医師名，薬の種類，内服方法等を

具体的に記載した与薬依頼票（園が決めた様式を用いる）を持参してもらう。医師に保育園に通園していることを伝え，可能であれば一日2回投与の可能な薬などを選択してもらう。

　保育園で保育士が園児に薬を与えるようになったのは，2005（平成17）年に厚生労働省医政局長の通知が出てからである。薬を与えることに関して専門的な判断や観察が必要でない場合に，介護施設の介護職員等が本人又は家族の依頼に基づき，医師等の指導の下に薬を与えられるようになった。保育園は福祉施設であるため，同様に，医師の判断と指導のもと，家族の依頼に基づき，一定の条件のもとで患児が薬を飲むことを介助できることとなった。

（2）保育園での与薬の実際

　保育園の様式に従い，保護者が作成した与薬依頼票に基づいて与薬する。保護者から預かる薬は，必ず一回分のみとし，薬袋や水薬瓶に園児名とクラスが書かれているか確認する。薬を預かった職員は，責任者（園長・主査・看護師）やクラス担当者に漏れのないように伝える。

　薬と連絡票を確認の上，薬品戸棚（全職員の知っている一定の場所，事故を防ぐためにも鍵のかかるところが望ましい）など，子どもの手の届かない場所に保管する。保護者から預かった薬は，与薬依頼票の指示の通りに飲ませる。与薬の際は，与薬依頼票（連絡票）と薬，与える子どもを複数の眼で確認する。複数の子どもの与薬が必要な場合でも，一人ずつ確認する。薬を飲ませる場所は他の子どもと離れた場所（医務室や事務所等）や薬を保管している場所がよい。0歳児や泣いて嫌がる子は，安心できる保育士がそばにいるようにする等配慮する。飲み終わった薬袋の名前を再度確認し，飲み終わった薬袋に投与時間を記入し保護者に返す。

9 ——慢性疾患児と保護者への支援

　慢性疾患児は様々な制限から，他児とは異なった我慢を強いられることがストレス源となり，心理的な不満を持ち続けることがある。年齢が上がるにつれて，他児が自分を特別視するようになり，皮膚症状などの外見に関して，自分は他児と違うという意識等が自己形成に影響する懸念もある。

　個々の子どもの情緒の安定や体調を考え合わせた保育内容を検討し，健康な

子どもたちとの発達差が大きいなどの多様な個別性を考慮しつつ，保育内容を選定していく必要もある。また，疾患を有するため過保護になりがちであるが，少しずつ自力で取り組んでいけるように援助することも重要である。

慢性疾患児の保護者からの要望事項としては，除去してほしい食品の除去やアトピー性皮膚炎の子どもへの薬の塗布，必要時の薬の服用，激しい運動や活動を制限することなどがある。体調の変化に気を配ることや，悪化した場合保護者にする連絡を取るなど，子供に細心の注意を払うことを保護者は期待していることが多い。

保育士がしっかりと子どもに寄り添う関係を子どもが体験できると，子どもの発達に良い影響をもたらし，保護者への間接的な支援となる。また，保育士が保護者とは異なった視点から子どもを捉えて保育実践することは，様々な生活上の不自由を抱える慢性疾患患児にとって，ストレス発散にもつながる。慢性疾患を有しているかどうかではなく，一人の子どもとして，発達可能性を最大限に生かすことを保護者とともに考えたい。

③節 障害のある子どもへの対応

この節では，保育の場（保育所，子ども園など）でみられる特別な支援を必要とする障害のある子ども（発達障害，知的障害，脳性麻痺など）への保健的対応について述べる。これらの障害は，症状が重度でない場合，周囲の人から気づかれにくいことが特徴である。そういった場合，認知や行動の特性を理解されないまま生活することになるため，本人および周りの人は様々な困難を感じることが多くなる。また，そのことにより不適応や二次障害を起こすことも考えられる。一方，これらの障害は，同年齢の子どもたちとの集団生活，つまり保育の中で，その特性や困難性が顕在化しやすいことも事実である。これらの子どもたちへはできるだけ早くその特性に気づき，適切な支援をすることが望まれる。そこで，本節では，それぞれの発達の特性を学び，障害特性の理解と医療で行われる検査や，療育，支援などについて述べ，次に障害のある子どもの保健的課題，保育の場での保健的対応について理解をすすめる。

1 ——発達障害について

　近年，発達障害という言葉は，広く知られるようになってきた。発達障害者支援法（2004年：平成16年制定）には，「発達障害とは，自閉症，アスペルガー症候群その他の広汎性発達障害，学習障害，注意欠陥多動性障害その他これに類する脳機能障害であってその症状が通常低年齢において発現するものとして政令で定めるもの」と定義されている。発達障害では，生まれつきの脳の機能がうまく働かないことで，様々な症状や特性があらわれる。これは，子どもの認知（理解や行動）に問題を生じ，学習面，生活面，行動面がうまく回らないなどの困難を生じさせる。どれくらい学齢期の子どもに存在しているかということについて，文部科学省（平成24年度）「通常の学級に在籍する発達障害の可能性のある特別な教育的支援を必要とする児童生徒に関する調査結果について」によると，知的発達に遅れはないものの学習面，各行動面で著しい困難を示すとされた児童の割合は，小学生全体では，7.7％，小学1年生では，9.8％と報告されている。これは，担任教師による評価調査であり，医学的診断ではないが，小学1年生で知的遅れのない発達障害の可能性のある児童は，10人に1人程度となり，身近な存在だと考えられる。保育は，早期発見早期支援にとって重要な時期であり，場でもある。また就学につながる時期として重要な位置を占めることから，その特性を理解し，適切な対応をし，発達を支援していくことが望まれる。

　用語について，国際的な診断マニュアルとして日本でも広く使用されている「精神疾患の診断統計マニュアル第5版（Diagnostic and Statistical Manual of Mental Disorders: DSM-5）（2013年アメリカ精神医学会，2014年日本語訳）では，発達障害について，神経発達障害/神経発達症（Neurodevelopmental Disorder）というカテゴリーが設けられた。この中には，自閉症スペクトラム障害（Autism Spectrum Disorder: ASD），知的能力障害（Intellectual Disabilities 知的障害），限局性学習障害（Specific Learning Disorder: SLD 学習障害：LD），注意欠如多動性障害（Attention Deficit/Hyperactivity Disorder: ADHD 注意欠陥多動障害），発達性協調運動障害（Developmental Coordination Disorder: DCD）などが含まれている。DSM-5の大きな特徴とし

て，自閉症，アスペルガー症候群その他の広汎性発達障害をすべて自閉症スペクトラム障害（Autism Spectrum Disorder: ASD）という概念でとらえ，これらの障害は，別々のものではなく，1つの連続体（スペクトラム）であるという見方をしている（森ら，2014）。

（1）知的能力障害

　知的能力障害は，約1％とされているが，原因は様々（感染症や外傷などの外的要因，代謝異常，染色体異常，低出生体重などの内的要因，原因不明など）であるが，発達期に発症し，知能検査において測定される知的能力のみならず，それによる適応行動の遅れを重視している。発達全般の遅れ，言葉の遅れ，理解力，発語の遅れ，基本的生活習慣（食事，排泄，衣服，睡眠など）の遅れ，社会性の遅れ，危険の認識ができない，など年齢的に期待される認知行動より，発達が遅れる。

（2）自閉症スペクトラム障害

　「社会性の障害」「コミュニケーションの障害」「こだわり行動」などが特徴で，乳幼児期早期より，様々な特性があらわれる。乳児期には目線を合わせようとしない，あやしても笑わない，人見知りしないなど，1歳代から2歳頃は，名前を呼んでも振り向かない，指さしをしない，意味のある言葉が出ていない，誰かと一緒に遊ぶより，一人遊びを好む，3歳くらいでは言語発達が遅れる，よくしゃべるが一方的で会話になりにくい，偏食が激しい，耳ふさぎがある，

表5-3　自閉症スペクトラム障害の診断基準（森ら，2014）

以下のA，B，C，Dを満たすこと。
A　社会的コミュニケーションおよび相互関係における持続的障害（以下の3点） 　1．社会的，情緒的な相互関係の障害 　2．他者との交流に用いられる言葉を介さないコミュニケーションの障害 　3．（年齢相応の対人）関係性の発達・維持の障害
B　限定された反復する様式の行動，興味，活動（以下の2点以上で示される） 　1．常同的で反復的な運動動作や物体の使用，あるいは話し方 　2．同一性へのこだわり，日常動作への融通のきかない執着，言語・非言語上の儀式的な行動パターン 　3．集中度や焦点づけが異常に強く限定，固定された興味 　4．感覚入力に対する敏感性あるいは鈍感性，あるいは感覚に関する環境に対する普通以上の関心
C　症状は発達早期の段階で必ず出現するが後になって明らかになるものもある
D　症状は社会や職業その他の重要な機能に重大な障害を引き起こしている

大きな声にパニックを起こす，かんしゃくが激しい，友だちとの共感性に乏しい，ごっこ遊びが難しいなどである。認知の特性，感覚の問題などがあり，集団生活で不適応を起こしやすい。ADHD，LD，DCD，知的障害などの合併は，よくみられる（橋本，2008）。

（3）注意欠如多動性障害

　主な特性は「不注意」「多動」「衝動性」であり，3歳くらいまでは，あまり特性はあきらかでない。4歳を過ぎたあたりから，ちょっとしたことでかんしゃくを起し，大声を出し暴れだす，不注意で人の話が聞けない，忘れ物が多いなどの症状がみられる。5歳頃から診断が確定されることが多い。ASD，LD，DCD，知的障害との合併もみられる。叱られる経験を重ね，自己評価が下がることもあるので，早期からの特性理解が必要である。

表5-4　注意欠如/多動性障害の診断基準（森ら，2014）

A1：以下の不注意症状が6つ（17歳以上では5つ）以上，6か月以上持続
　a．こまやかな注意ができずケアレスミスをしやすい
　b．注意を持続することが困難
　c．話を聞けないようにみえる（うわの空，注意散漫）
　d．指示に従えず，宿題などの課題が果たせない
　e．課題や活動を整理することができない
　f．精神的努力の持続を要する課題を嫌う
　g．課題や活動に必要なものを忘れがちである
　h．外部からの刺激で注意散漫となりやすい
　i．日々の活動を忘れがち
A2：以下の多動/衝動性の症状が6つ（17歳以上では5つ）以上，6か月以上持続
　a．着席中，手足をソワソワ，モジモジする
　b．着席が期待されている場面で離席する
　c．不適切な状況で走り回ったりよじ登ったりする
　d．静かに遊んだり余暇を過ごすことができない
　e．「突き動かされるように」じっとしていられない
　f．しゃべりすぎる
　g．質問が終わる前にうっかり答え始める
　h．順番待ちが苦手である
　i．他の人の邪魔をしたり，割り込んだりする
B：不注意，多動・衝動性の症状のいくつかは12歳までに存在
C：不注意，多動・衝動性の症状のいくつかは2つ以上の環境で存在（家庭，学校，職場など）
D：症状が社会，学業，職業機能を損ねている明らかな証拠がある
E：統合失調症や他の精神障害の経過で生じたり，説明することができない

（4）学習障害（LD）

　文部科学省の定義（1999 年 7 月）によると，全般的な知能発達に遅れはない
が，「読む」「聞く」「話す」「書く」「計算する」「推論する」能力のうち特定の
習得と使用に著しい困難を示す様々な状態としている。読み書きの障害や計算
の障害は，幼児期には気づかれにくい。年長幼児期になっても，文字に興味を
示さない，字を覚えようとしない，5 までの数の把握が不確かである場合は，
知的障害や，学習障害を念頭に置くべきである。

（5）発達性協調運動障害（DCD）

　運動の構成を司る脳機能の不具合により生じる特性であり，いわゆる不器用
で，運動や体を動かすことが苦手だったり，2 つのことをするのが苦手といわ
れる状態である。指先を使う，目で見ながら微調整するなどの細かい動きがう
まくできない。食べこぼしが多い，スキップやボール遊びが下手で，何度やっ
てもうまくならない，などの場合特性が関わっている場合がある。

2——脳性麻痺について

　運動障害の 1 つである脳性麻痺は，「受胎から生後 4 週までの間に生じた脳
の非進行性病変に基づく，永続的なしかし変化しうる運動および姿勢の異常で
ある」（1968 年厚生省脳性麻痺研究班）と定義されている。発生頻度は，1000
人の出生に対して 1〜2 人である。出生時仮死，重症黄疸，低出生体重などは，
危険因子とされる。症状による型分類（痙直型・アテトーゼ型・失調型）と障
害部位による分類を組み合わせて表すことが多い。病態は様々で，重度の肢体
不自由と重度の知的障害を併せ持つ重症心身障害の状態から，軽度の場合は，
歩き始めるまで気が付かれないこともある。知的障害の合併は約半数でみられ
る（栗原，2004）。

（1）特性を把握するために行われる検査

①発達検査

　子どもの発達支援のための情報となる子どもの発達状況や知的能力，等をと
らえることができる。

- 新版 K 式発達検査：0 歳から成人まで対象とできる。主に知能検査で測定
  できない乳幼児や障害児を対象として実施することができる。発達を「姿

勢・運動」「認知・適応」「言語・社会」の３領域に分類してとらえる。各領域および全領域の発達年齢（DA）と発達指数（DQ）が算出される。

- 遠城寺式乳幼児分析的発達検査：養育者からの聞き取り，子どもに取り組んでもらうこともできる。「運動（移動運動・手の運動）」「社会性（基本的習慣・対人関係）」「言語（発語・言語理解）」の３領域，６項目で発達をとらえ，発達のプロフィールを作成して発達の凸凹を把握することができる。

②知能検査

　幼児期後期になり，言語発達や机上での検査が可能になってくると，知能検査が可能となる。ビネー系の田中ビネー知能検査（２歳〜成人）ウェクスラー系のWPPSI-Ⅲ（２歳６か月〜７歳３か月），WISC-Ⅳ（５歳〜16歳11か月）がよく使われる。WIPPSI-Ⅲは，より低年齢の幼児に使用し，全検査IQと言語理解指標，知覚推理指標，処理速度指標，など認知を多方面から分析することができる。WISC-Ⅳは，５歳以上で使用可能であるが，全15の下位検査から構成され，これらから４つの群指数；言語理解（言葉を中心とした理解力，知識など），知覚推理（視覚を中心とした状況の把握，理解の力など），ワーキングメモリー（聴覚を中心とした記憶や注意力，集中力など），処理速度（作業の正確さやスピード，処理能力など）とそれらを統合した全検査IQを出すことができ，また個人内での能力のアンバランスなどもとらえることが可能であり，より詳細に知的能力の側面を検討することが可能である。

③認知能力検査，その他の心理検査

- フロスティッグ視知覚発達検査：適応範囲４歳０か月〜７歳11か月，５つの視知覚技能を測定することが可能である。
- 日本版KABC-Ⅱ：２歳６か月〜18歳11か月，認知尺度（継次尺度，同時尺度，計画尺度。学習尺度）と習得尺度（語彙尺度，読み尺度，書き尺度，算数尺度）から構成されており，習得度や学力を判断する標準化された検査となっている。
- STRAW-R標準読み書きスクリーニング検査：小学生対象である。読み書き障害のスクリーニングとして標準化されている。
- その他，発達障害児のアセスメントの検査として，PARS-TR親面接式自閉症スペクトラム症評価尺度，CARS小児自閉症評価尺度，ADHD-RS，

などが使用されている。

（2）療育，支援について

- ペアレントトレーニング：発達障害のある子どもの親（養育者）に対して，特性の理解を促し，行動療法の理論に基づいた子どもの関わり方や困った行動に対する対処方法などを学ぶ。グループで実施されることが多い（岩坂ら，2004）。

- ソーシャルスキルトレーニング（SST）：発達の遅れや，対人関係が苦手，こだわりが強いなどがあり，日常生活や集団での生活を送るための技術の習得が難しい子どもが，社会で生きていくために必要な技術を習得する練習である（田中・岩佐，2008；本田・日戸，2016）。

（3）リハビリテーションによる療育，発達支援（栗原，2004）

- 理学療法：小児の運動能力を環境からの感覚刺激と運動経験により，引き出していく。

- 作業療法：上肢機能の発達，知覚，認知面の発達，および日常生活動作（ADL）の発達を促すための訓練である。

- 摂食・嚥下療法：口腔周囲の過敏性を除く訓練などから始め，口を閉じて鼻で呼吸する訓練，などをして状態に合わせて徐々に行う。

- 言語療法：運動性構音障害による発声・発語障害に対して行われる。認知障害によるコミュニケーションの障害などに対しては，知能検査，認知検査を行い，問題点を把握して様々なアプローチが行われる。

3 ── 子ども発達支援の実際

　障害のある子どもへの支援は問診や診察，検査などによりアセスメントし，その情報を手がかりに発達支援や療育を進めていくことになる。イメージしやすいように，事例を提示する。これらの事例は，複数の事例を組み合わせて作成した仮想事例である。

事例1　Aちゃん5歳　男児（ASD，ADHD）

主訴　人の話が聞けない，多動である。切り替えに時間がかかる。友だちとトラブルになる。空気が読めない。誰にでもなれなれしい。

発達　精神運動発達は，正常範囲。1歳前に独り歩き，有意語出現1歳頃，1歳半2語文可，人見知りはなかった，呼び名への呼応もなかった。子どもへの関心が薄く，一人遊びが好きであった。並べる遊びなど好んでいた。同じことを繰り返し聞いた。普段と手順が異なると混乱する。

園での様子（5歳6か月）　基本的生活習慣自立，朝の挨拶で目線が合わない。話が一方的で，友だちとコミュニケーションがとりにくい，友だちとトラブルあり。

　絵を描いている最中に，自分の好きなマークや字を書き始め，気が済むまで書かないと元の作業に戻れない。多動で，時々部屋の中でくるくる回っていることがある。じっとして先生のお話を聞くことができない。自分のやりたくない活動になると，保育室から出ていってしまう。動きがぎこちない，何もないところで，転んだりする。

検査　WISC-Ⅳ　全検査 IQ110，言語理解 93，知覚推理 118，ワーキングメモリー 99，処理速度 120　知的な遅れはないが，個人の中で得意なことと苦手なことの差が大きい（認知のアンバランス）ことがわかる。知覚推理と処理速度が高く，言語理解やワーキングメモリーは，やや低い傾向がみられた。視覚的な情報を扱うことに関しては，高い能力を発揮するが，言葉での理解や表現は苦手なため，知的理解において誤解を受けやすいことに注意が必要である。

療育　遊びを通して，手先の巧緻性，協調運動を伸ばす。トランポリンや，ロングスィングなどで，バランスや協調運動を促進する。

保育・養育との連携（支援の方針）
• 口頭での指示理解は，苦手なので目で見てわかるように視覚支援（絵カード，手順表など）使用する。想像することが苦手なので，行事，初めてすることは，視覚的支援を使って，予告や，予習をする。
• 人とのコミュニケーションにおいては，最初にルールを明示し，今は誰がしゃべる番なのか絵カードなどを使って視覚的にわからせる。適切な距離についても具体的に示す。
• 切り替えの苦手などには，タイマーを用いて，視覚的支援を使用する。

事例2　Bちゃん　5歳　男児（ADHD，DCD，言葉の遅れ）

主訴　多動，注意散漫，不器用，人の話が聞けない，ひらがなを覚えない

発達　運動発達は，遅れなし，言語発達では，1歳10か月頃有意語出現，2歳半で2語文，人見知りは，2歳頃出現，呼びかけへの呼応で1歳半頃何かに夢中になっているとき反応せず，1歳半健診では言葉が出ていないため経過観察となり，3歳児検診では，医療機関受診を勧められた。

園での様子（4歳10か月頃）　（生活）慣れた流れは，うまくやれている。時に注意がそれて片づけなどが進まない。食事中も他のことに気を取られて，時間がかかり，姿勢も保てない。指示が入りにくく，すぐふざける。（運動）体を動かす

ことは好き，手と足を同時に動かす行進や，スキップなど苦手である。姿勢の維持も苦手で，くねくねごそごそしている。（言語）話をするのが好きで，よく友だちと話している。相手の話を最後まで聞けない。（活動）自分の興味のあることは集中して取り組めるが，興味がないと気が散り，ふざける。

検査　新版Ｋ式発達検査（３歳６か月；同年齢の平均値 100）　姿勢・運動 96 認知・適応 96　言語・社会 77，全領域 86　言語面の発達がやや遅れている。
WPPSI-Ⅲ（５歳０か月）　全検査 IQ85，言語理解 94，知覚推理 85，処理速度 88，語彙総合 89　言語理解の中でも凸凹があり，単語力はあるが，抽象概念や，意味理解は苦手であった。注意のそれやすさや，集中力が続かない，口頭指示がわかりにくいなどは，検査中の態度にもあらわれていた。

療育　遊びを通しての言語理解や，表出を伸ばす。描画や積木なども苦手なので，遊びを通して視空間認知を育て，手と目の協調運動を練習する。

保育・養育との連携（支援の方針）　指示は１つひとつシンプルに出す。一斉指示は難しいので，注意を引き付けるなど工夫が必要。視覚的支援で理解しやすい工夫をする。目の前の刺激に影響されやすいので，環境を調整する。

事例3　Ｃちゃん　５歳　女児（脳性麻痺，知的障害）

主訴　左足を引きずるように歩く。左手をあまり使おうとしない。言葉が遅い。発音不明瞭。食べ方：次々食べ物を口の中に入れ，飲み込めなくなる，噛もうとしない。

発達　満期産，周産期は特に問題はなかった。運動発達では全般に遅めで，独り歩きの開始が１歳８か月，歩きだした頃から左足を引きずるようにしていた。言葉は１歳半くらいから，出かけているが，発音が不明瞭である。

園での様子　歩くとき，左足を引きずるようにしている。外へ出るのが好きだが，外では走るとよく転倒する。指示が入らない。興奮すると注意が効かない（危険）。

検査　新版Ｋ式発達検査（４歳０か月）　姿勢・運動 58，認知・適応 88，言語・社会 47，全領域 67，全般的な遅れがある。運動面，言語面の遅れが大きい。

療育（リハビリテーション）
理学療法　ブロックの上を歩いて，バランスコントロールの練習
作業療法　協調運動の練習として，高這い，クモ歩き，お手玉，輪投げ，ペグボード，ハサミ，ぼたん，靴を履く練習，着替えの練習
言語療法・摂食・嚥下療法　少しずつ口に入れる。口唇を閉じて咀嚼する，よだれを減らす。構音障害への対応を行った。

保育・養育との連携（支援方針）　走り出さないように，外へ出るときは手をつなぐ。ハイカットシューズをはく。保護帽の装着，指示が通りにくいことへは，絵カードなど提示。保育所でお友だちと一緒に活動することは楽しいので，できるだけ一緒に，ただし，疲れには注意する。保育士の加配を申請した。

4 ―― 障害のある子どもへの保健的対応（まとめ）

　乳幼児期のこどもにとって，規則正しい生活リズム，生活習慣の獲得は，基本的に重要である。子どもが，どうすればスムースにやることができるか，特性に配慮した支援をスモールステップで行うことが必要である。二次障害（自己評価の低下，心身症，適応障害，不登校）を生じさせないように以下のような対応が求められる。

- 基本的生活リズムの確立
- 生活習慣（食事，衣服，洗顔，入浴，排泄など）
- 感覚の問題（聴覚過敏，痛み，触覚，視覚など）への配慮
- こだわり行動への配慮
- 見通しを立てることが苦手であることへの配慮
- 視覚的支援を活用
- パニック，かんしゃくへの配慮　クールダウンできる場所の準備
- 危険，事故予防

 研究課題

1．予防接種の効果について個人への効果と集団への効果に分けて考えてみよう。
2．個別な配慮を必要とする子どもがクラスにいることを想定し，1日の保育の流れを考えてみよう。
3．発達障害のある子どもの特性について事例1.2.を用いて分析し，子どもや家族にどのような関わり方が必要か考えてみよう。

推薦図書

- ●『慢性疾患や特別なケアが必要な子どもたちへの支援ガイド』　五十嵐隆（監修）　日本小児医事出版社
- ●『ASD，ADHD，LD 入園・入学前までに気づいて支援する本』　宮尾益知（監修）　河出書房新社

第 **6** 章
健康および安全の管理の実施体制

　保育の中で子どもの健康と安全を守っていくためには，保育者単独の努力では限界がある。保育の現場では，保育の実際に携わる職種のほかに，多くの職種が協働して日々の保育活動を成り立たせている。各職種がそれぞれの専門性を尊重しあいながらその実力が十分に発揮できるよう運営されていくのが望ましい。また園の職員が組織として機能していくことで，さまざまな課題が有効に解決されることが期待される。保育所保育指針によって義務づけられている保健計画の作成は，保育における保健活動の目標を明確化し，計画に沿った保健活動を評価することで，保健活動がより効果的に実践されることをねらっている。連携は保育所内のみならず，広く地域に目を向けていく必要がある。自治体，専門機関，地域の関係機関の相談窓口等を普段から把握し，関係性の構築に努める。

1節 職員間の連携・協働と組織的取り組み

1──多職種連携による組織的対応

（1）多職種によるチーム
①チームで保育することの意義

　近年，保育の質や安全性の向上に伴う業務の増大に対応するため，多種多様なスタッフが各々の専門性を前提とし，目的と情報を共有し，業務を分担するとともに互いに連携・補完し合い，子どもの状況に的確に対応した保育を提供する「チーム保育」が注目されている。

　対人援助サービスを行う多職種チームは「分野の異なる専門職が，顧客およびその家族などのもつニーズを明確にした上で共有し，そのニーズを充足するためにそれぞれの専門職に割り当てられた役割を，他の専門職と協働・連携しながら果たしていく少人数の集団」と定義されている。

　チームで保育にあたる目的は，様々な専門職種を積極的に活用し，多職種間で協働を図ることなどにより，保育の質を高めるとともに，効率的な保育サービスを提供することである。保育の質的な改善を図るためには，ａ．コミュニケーション，ｂ．情報の共有化，ｃ．チームの管理運営に関する３つの視点が重要である。また効率的な保育サービスを提供するためには，ａ．情報の共有，ｂ．業務の標準化が必要となる。

　専門的技術を効率よく提供するためには，カンファレンスを充実させる必要がある。カンファレンスは単なる情報交換の場ではなく，議論や調整の場であることを認識する。

　チームで実践するためには，様々な業務について決まった職種が決まった業務を行うだけではなく，関係する複数の職種が共有する業務が数多くあることを認識し，子どもの状態や保育提供体制などに応じて臨機応変に対応することが必要である。

②スタッフ間の情報の共有

　保育スタッフ間における情報の共有のための手段としては，定型化した書式による情報の共有化や電子媒体を活用した情報の一元管理などが有効であり，

そのためには保育情報の管理体制の整備が必要となる。

　子どもに対して最高の保育を提供するために，子どもの生活面や心理面のサポートを含めて各職種がどのように協力するのがよいかという視点をもつことが重要である。また，保護者も保育者にすべてを任せるのではなく，保育者からの十分な説明を踏まえて積極的に保育に参加する心構えが望まれる。より良い保育を実践するためには，他職種が保育職に任せきりにするのではなく，保育チームがお互いに協働し，信頼し合いながら保育を進める必要があり，保育者は保育で場のリーダーシップを取り多職種間のチームワークにつなげていくことが期待される。

（2）チームの質の向上

　チームの質を向上させるためには，学生時代のみならず卒業後も継続的に学修することが必要であり，専門職種としての知識や技術に関する教育と，チームの一員として他の職種を理解することや，チームリーダー・マネジャーとしての能力を含めたトレーニングが必要となる。特に多職種が参加するカンファレンスにおいて，他の職種を尊重するファシリテーション能力を発揮できるように学修することが重要である。

　「多職種連携」という用語には抽象的なイメージが伴うが，その中身を見ると，個々の職種の日常的な取組みがうまくつながり合うことで連携となっている。一人ひとりの専門職にそれぞれの役割があり，それを普段からお互いに意識することが重要である。多職種の連携が効果的に実現するプロセスは4つのステップがある。

　　1．自分の専門性や役割を理解する。
　　2．お互いを知り，顔の見える関係をつくる。
　　3．子どもの状況を理解し，保育所内で情報を共有する。
　　4．多職種で連携し，地域ぐるみで支える。

（3）地域の機関との連携

　地域にはいろいろな公的機関や団体があるが，なるべく多くの機関と協力して取り組んでいく必要がある。保育活動の活性化と充実を図るためには，人的資源，教材や学習の場などを，家庭や地域社会に積極的に求めていく必要がある。その内容や方法は，保育所や地域の実態に応じて選択，工夫することが大

切である（本章３節を参照）。

（4）チーム対応の実際

　子どもの状態をいつも見ている保育者は，子どもの健康状態についてよく理解している。

①感染症

　保育所のように集団で生活する場では，感染症の流行がみられる。重症度が高い感染症の流行を阻止するためには，入所（園）時に母子健康手帳から予防接種の記録を転記しておく。もし，接種時期が来ているのに予防接種を受けていない場合は，接種を勧める。保育所で感染症が流行れば，嘱託医に相談し，どのような対策が必要かの指示を仰ぐ。

②慢性疾患

　慢性疾患をもった子どもについては，入所（園）時に嘱託医から情報をもらっておき，緊急事態が発生したときの対処法も記載しておく。中には，緊急時に使用する薬を保育所で預かる場合もあるが，その場合は，具体的な手順を確認しておく必要がある。食物アレルギー疾患を有する子どもでは，食べてはいけない食物を明確にし，給食担当者との連絡を密にする。

③不適切養育

　保育所は，児童虐待の気付きの場として重要であり，保育士の力量が求められる。虐待は子どもの脳に不可逆的な損傷を与え，早期にその劣悪な環境からの解放を図る必要がある。虐待を受けている子どもたちが示すサインを見逃さない知識とスキルを身につけておくべきである。

　また，不適切な養育や虐待が疑われる事例では，保育を通して子ども・保護者の両者へ支援を提供し，さらに地域支援にもつなげていく必要がある。子どもと家族の支援には，多職種が連携し，統一した関わりを実践することが必要であり，保育士が他職種と同等に意見交換できる職場背景も重要である。

④事故防止

　保育関係者は，子ども・保護者向けに事故についての情報を伝える，子どもや保護者に対して話をする，保育所や家庭での安全について助言するなどいろいろな活動が可能である。

　保育所内の環境を整備して，子どもたちに安全な環境を提供し，危険な行動

表6-1　乳幼児の成長と事故防止

	発達の目安	事故に注意しましょう
0～1か月	★裸にすると手足をよく動かす	●ベッドやソファーからの転落 ●窒息 （ベッド周りのガーゼやおもちゃ）
3～4か月	★首がすわる ★あやすとよく笑う	
6～7か月	★寝返り，おすわりをする ★家族と一緒にいるとき，話しかけるような声を出す	●車中のけが・事故 ●誤飲・中毒 （たばこ・おもちゃなどなんでも口に入れる）
9～10か月	★はいはい，つかまり立ちができる ★機嫌よく一人遊びをする	●やけど （アイロンやテーブルの上の熱いお茶にさわるなど）
1歳	★つたい歩きができる ★バイバイ，こんにちはなどの身振りをする	
1歳6か月	★ひとりで上手に歩ける ★ママ，ブーブー，ワンワンなど意味のある言葉をいくつか話す	●転落・転倒 （頭が大きくバランスが悪い） ●水の事故 （10 cmでもおぼれる）
2歳	★走ることができる ★2語文（ママキタなど）を話す	
3歳	★手を使わずにひとりで階段にのぼれる ★ままごとなどごっこ遊びができる	●外傷・打撲 （ドアにはさむ，台所や危険な場所に興味あり） ●交通事故 （飛び出し事故・自転車事故）
4・5歳	★片足ケンケンができる ★でんぐり返しができる ★集団遊びができる	
6・7・8・9歳	★自我意識が強くなる ★競争心がでてくる	

（http://mellow.na.coocan.jp/kids.accidents.htm より作成）

については規制することもできる（表6-1）。保育所内だけでなく，子どもた
ちの登園時の安全についても考える必要がある。保育士等は，指導し，教育す
るという役割を担っているので，事故の予防について，子どもや保護者に対し
広く呼びかけやすい立場にある。子どもの年齢を考慮し，それぞれの地域に重
要と思われる事故予防活動を展開することができる。また，保育所の職員は，
警察，消防署，ボランティア団体，保育者などと連絡をとる場合に中心的役割
を担うこともできる。さらに，保護者が事故予防活動を率先して行うことを奨
励することもできる。

2 ── 子どもへの保健的対応における組織的取り組み

（1）保育者による保健的対応

　保健的対応に当たっては，基本的に組織的な取り組みを伴う。例えば低年齢児，慢性疾患児，行動上の問題のある子どもなどへは保健的対応が必要であり，それが効率的に実施されるためには，組織的に対応した取り組みが必要となってくる。保育にあたっては，対象児の健康状態はつねに意識されるものであるが，個別配慮を要する子どもなどにおいては，より保健的視点をもっての対応が必要になってくる。専門的な保健的対応は，嘱託医，看護師，医療機関等との連携が必要であるが，日々直接乳幼児と顔を合わせている保育士の果たす役割は大きい。園児に近い位置でのより良い保健的な関わりは，園児や家族をより良い状態にもってゆくことの助けとなる。

　保育所は子育ての専門機関であり，専門職である保育士が中心を成している。保育所は児童福祉法に規定されている児童福祉施設であり，「保護者の労働又は疾病その他の事由により，その監護すべき乳児，幼児その他の児童について保育を必要とする場合において」保育を行うという機能のみではなく，発達や家庭に問題を抱える子どもにとって，子育ての専門家の援助を受けられるという大きなメリットがある。また，多くの定型発達の子どもたちと適切な援助のもとで交わることができる点で大きな意義がある。

（2）低年齢児に関する組織的取り組み

　保育所で保育を受けられるのは0歳から小学校入学前までの乳幼児（児童福祉法第24条）とされているが，近年，働く女性の増加とともに，0～2歳の低年齢の子どもの保育ニーズが高まっている。しかし，保育所における低年齢保育では特別な配慮が必要であり，需要に比して受け入れ枠が少ないのが現状である。以下，保育所保育指針における「保育の実施に関わる配慮事項」に沿って，その配慮の内容と組織的な取り組みのあり方を示す。

①乳児保育の実施に関わる配慮事項と組織的取り組み

　乳児は疾病への抵抗力が弱く，心身の機能が未熟であるために疾病の発生率が高くなる。したがって，一人ひとりの発育や発達状態，基礎疾患の有無などに配慮しつつ適切な保健的な対応が必要になる。

　一人ひとりの子どもの生育歴の違いは，子どもの成長・発達に影響を及ぼしており，保育を行うに当たって十分に配慮しなくてはならない。乳児期は愛着（アタッチメント）の形成時期として極めて大切であり，愛着は特定の大人との間に形成されるため，できるだけ特定の保育士が関われるように配慮する必要がある。また，疾病に罹患しやすいことから，栄養士や看護師などの他の職員，嘱託医と密接な連携をとり，より専門的な対応を可能にしておく必要がある。

②１歳以上３歳未満児の保育の実施に関する配慮事項と組織的取り組み

　この時期は感染症にかかりやすい時期であり，体の状態，機嫌，食欲など日常の状態をよく観察し，異変を察知したら適切な対応がとれる力を身につけておく必要がある。

　食事，排泄，睡眠，衣類の着脱，身の回りを清潔にするなどの生活に必要な基本的な習慣については，一人ひとりの状態に応じ，落ち着いた雰囲気の中で行うようにし，子どもが自分でしようとする気持ちを尊重し，子どもが自らできるように援助する必要がある。

　保育士は子どもの情緒の安定を図りながら，自発的な活動を促していく必要があり，担当の保育士が替わる場合には，子どものそれまでの経験や発達過程に留意し，職員間で綿密な情報の共有を図り，協力して対応することが大切である。困った行動などの問題も明らかになってくる時期である。しかし，子どもの行動は個人差が大きく，２歳頃は自我の発達に伴い反抗を示す時期であり，自我の発達に伴って起こる気持ちを受け入れるようにする。制御できない困った行動を示す子どもについては地域の発達相談などの他機関と連携して，子どもへの適切な援助に努める。

　また，保護者と連携して，家庭での子どもの様子と保育所での子どもの様子について，綿密な情報交換を行い適切な保育を模索する必要がある。子ども自身が意識して家庭と家庭外での行動を使い分けることもあるため，家庭との情報交換が極めて大切になる。保育所での子どもの行動を直接批判することは決してすべきではなく，親の心情に対する十分な配慮が必要である。

（3）慢性疾患児等に関する組織的取り組み

　慢性疾患をもつ子どもは病気による制限を受けながら生活をしなければなら

ず，疾患によって生活上の困難・不自由・不利益が起こる。慢性疾患児のもつ困難の内容は個別性が高く，個々に特別な配慮を要する。身体虚弱の子どもは，保育士が医療的な知識が十分でないことから，保育所での対応が慎重になりすぎ，個々の子どものもつ可能性を十分に伸ばせない場合もある。保育士の疾患理解や医療機関との連携が望まれる。

　慢性疾患児の保育では，喘息の子どもに体調不良時の運動の制限があったり，アトピー性皮膚炎や食物アレルギーの子どもには特定の食品を除去しなければならないなど他児と同じ物を食べることに制限があったりする。摂取が禁止されている食品を口にすることや，突然起こった発作への対応，症状の悪化など，緊急時の対応も期待される。また，子どもへの対応の仕方を全職員に徹底することの必要性がある。

　慢性疾患児が様々な制限から，他児とは異なった我慢を強いられることがストレス源となり，心理的な不満をもち続けることや，年齢が上がるにつれて，他児が自分を特別視したり，皮膚症状などの外見に関して，自分は他児と違うという意識が自己形成に影響する懸念もある。

　個々の子どもの情緒の安定や体調を考え合わせた保育内容を検討し，健康な子どもたちとの発達差が大きいなどの多様な個別性を考慮しつつ，保育内容を選定していく必要もある。また，疾患を有するため過保護になりがちであるが，少しずつ自力で取り組んでいけるように援助することも重要である。

　慢性疾患児は子ども自身が異変を訴えることが難しいため，病状の変化の有無に常に注意を要すなど，保育士の負担は大きい。さらに，病状の悪化など緊急時には，事前に保護者などから伝えられている対応をすることになる。これは，保育士の医療的な知識に限りがあるため，専門家からのサポートを受けつつ，適切に対応してゆくのがよい。保健の専門家との連携がうまくいけば，子どもの心身の発達可能性を最大限に助長するという保育の専門性を活かすことができる。

（4）行動に問題のある子どもに関する組織的取り組み

　最近では親子の関係が思うようにならず，適切な関わりのできない親のもとから，保育の専門家の手に子どもをゆだねるケースも増加してきている。もちろん，法的には保育には一定の要件が必要になるが，子育てを応援する手段と

して，家庭外保育を選択することもある。子どもはすべて親のもとで育てられるのが最も幸福だということはない。不適切な関わりのある親のもとよりも，子育ての専門家による家庭外保育の方が子どもの健全な成育のために望ましいこともある。

　保育士は一人ひとりの個性を把握し，個性に合わせて，個別に対応できる力量を身につける必要がある。保育士は専門職として，子どもの情緒の安定のために，これらの親に適切な子どもの扱い方を伝える責務がある。

　保育所には行動に問題を抱える子どもが常時在籍している現実があり，これらの子どもへの対応のスキルを修得することと，家庭への支援は保育士の使命になろう。

3 ── 様々な配慮を必要とする子どもと保護者への組織的対応

（1）配慮が必要な子どもに関する園内の体制整備

　特別な配慮が必要な子どもに対して，適切な対応をするためには，職員間で情報を共有し，様々な視点から多面的にとらえて討議することが必要である。職員会議（ケース会議）の有無を確認し，記録内容を確認する。適切な保健的対応を行うには知識と技術の習得が必要となる。常に最新の知識を得て職員間で共有しているかを，園内研修記録や会議ノートを参照して確認する。障害児を受け入れるにあたり，施設のハード面のバリアフリーに対する配慮について評価する。園舎自体がバリアフリー構造でなくても，入所している子どもの状態に合わせた工夫を積極的に行う。

　障害児保育においては，子どもが混乱しないように，対応を一貫させることが特に重要である。子どもに関わる全職員が一人ひとりの子どもの状態や状況についての情報を共有し，対応についての討議がなされているかどうかを確認する。

（2）慢性疾患をもつ子どもの保護者との連携

　慢性疾患児の保護者からの要望事項としては，特定の食品の除去やアトピー性皮膚炎の子どもへの薬の塗布，必要時の薬の服用，激しい運動や活動を制限することなどがある。体調の変化に気を配ることや，悪化した場合保護者にすぐ連絡を取るなど，子どもに細心の注意を払うことを保護者は期待しているこ

とが多い。

　保育士と保護者との情報交換については，送迎時の直接的な会話，間接的に保護者が保育所に伝える内容，診察結果（注意事項も含む），毎日の献立チェックの結果，家庭での子どもの心身の状態やその日の保育で注意してほしいことなどがある。また，保育所が保護者に伝える内容は，子どもの一日の様子，体調の変化の有無，翌日の献立内容の確認依頼などがある。

　保護者が忙しくてゆっくり話をする時間がもてない，連絡帳に子どもの体調や家庭での様子をあまり書かない，母親が自分の都合によって子どもの体調の報告を加減する，家庭ではペットを飼っていることもあり除去食が十分できておらず皮膚症状が悪化した状態で登園するなど，保育士が困難を感じることもある。

　保護者が子どものことに無頓着であっても，保育士がしっかりと子どもに寄り添う関係を子どもが体験できれば，子どもの発達に良い影響をもたらし，保護者への間接的な支援となるだろう。また，保育士が保護者とは異なった視点から子どもをとらえて保育実践することは，様々な生活上の不自由を抱える慢性疾患児にとって，ストレス発散にもつながる。慢性疾患を有しているかどうかではなく，一人の子どもとして，発達可能性を最大限に生かすことを保護者とともに考えたい。

（3）行動に問題のある子どもの保護者との連携

　保育士が保護者との関わりで困難を感じる点は「保護者にどのように伝えようかと考えてしまう」ことであり，工夫している点は「保護者のプライドを傷つけないよう当たり障りのないように伝える」ことである。

　行動に問題のある子どもは発達障害児と診断されることが多く，これは保育所に在籍する障害児数の中で大きな割合を占めている。保育者が困難を感じる場面は，限られた問題に特化されるのではなく，保育の場全般にわたっている。

　行動上の問題に関する家庭支援の方法については，直接的方法である「個別に口頭や連絡帳で，しつけやそのヒントについて伝える」のほか，「保育所や幼稚園で，できるだけ子どもをしつける」等の間接的支援が考えられる。保護者の前で子どもに対して関わる例を具体的にしてみせるなどの方法も効果的で，保育の専門性を生かした支援といえる。保護者は親子関係の中でスキルや行動

コントロールを子どもに身につけさせることができるようになる。このような
支援は，親が育児に自信がもてるようになるほか，親子の愛着形成や子どもの
心理的発達の側面においても重要な意味をもつ。

（4）小１プロブレムを視野に入れた地域との連携体制の考え方

　行動に難しさを抱える子どもへは，地域でのサポートチームで有効な対応が
期待できる。構成員としては，小学校への進学を視野に入れた地域の学校の特
別支援教育コーディネーター，各幼稚園・保育所の代表者，相談支援専門員，
保健師，行政関係者などが考えられる。年間数回の会議を開催し，特別な配慮
を必要とする一人ひとりの園児について，保育所の担任や保護者が困っている
こと，園児が直面している困難や課題等についての支援方針，対応について具
体的に協議する。「就学時講演会」「幼児教育講演会」などを企画実施するほか，
啓発のためのリーフレットを作成し配布するなどの活動もサポートチームの役
割となる。

　保育カウンセラーは，養成講座の受講により私立保育園協議会が認定してい
る資格である。養成により保育カウンセリングの技能が身につくほか，地域と
のコーディネートのスキル等が養われる。保育カウンセラーはサポートチーム
では中心的な役割を果たすことも期待される。また，臨床心理士等と各園を訪
問し，特別な配慮を必要とする園児について，障害等の状況を見極め，園のサ
ポート，保護者との面談など直接的な支援を行うことなどが期待される。

2 節 保育における保健活動の計画および評価

1 ——保健計画の作成と活用

（1）保健活動の計画的な実施

　保育所は，子ども集団全体の健康および安全の確保に努めなければならず，
そのためには，子ども一人ひとりの健康状態の把握および，健康・安全・衛生
管理などを，計画的に実施しなければならない。

　また，乳幼児期は基本的な生活習慣を確立する時期であり，日々の保育の中
で，子どもたちが自らの体や健康に関心をもち適切な行動がとれるよう意識を

高めていくことも重要である。

　2009（平成21）年度に保育所保育指針が改定され，その中で施設長の責任のもと，保健計画の作成が明確に位置づけられるようになった。2017（平成29）年告示の保育所保育指針では，保健計画を全体的な計画に基づいて作成することとしている。

（2）保健計画に求められるもの

　厚生労働省編集の保育所保育指針解説書では，年間の保健計画を保育所の子どもの健康増進にとって重要なものであると位置づけている。保健計画は，保育所における全体的な計画に基づいたものにすることで，実施可能な効果的なものとすることができる。計画を共有することにより保育所の全職員が共通理解をもって子どもの健康の保持と増進に取り組むことができる。

　保健計画においては，子どもが発育および発達に適した生活を行えるように，発達段階に応じた取り組みとなるよう留意する。また，保護者に健康診断等の結果を報告するなどして，子どもの健康増進や疾病予防への理解を深める働きかけをすることで，家族との連携が計画的なものとなることをめざす。

　子どもの健康と安全の確保に効率的に取り組むには，保健計画の作成が必須となる。保健計画の内容として求められるものは，健康管理の面での定期健康診断・園児の健康把握，環境衛生の面では害虫駆除や消毒・食中毒対策，安全管理面では遊具・園庭や保育室内の点検，健康教育面では保健だよりの発行・食育・安全教育などが考えられる。

（3）保健計画作成の手順

　保健計画作成の手順としては，「保健情報および資料の収集」→「保健計画の目標の設定」→「保健活動の内容の設定」→「関係機関との連絡・調整」→「保健計画の決定」の順に進める。

　保健計画を作成する際には，まず必要な情報の収集を行い，保育所の現状を正確に把握するとともに，前年度の保育課程や保健計画，他の保育所の事例等を参考にする。その際，前年度の保健計画の問題点や改善点，または継続すべき内容など，職員の意見や要望を聞いておくことが大切である。保健活動は職員間の役割分担・協力体制のもとで実施されるため，全職員の共通理解に努めることが重要である。

情報を収集し，現状分析に基づいた「保健計画の目標の設定」や「保健活動の内容の設定」ができれば，保健計画の形がほぼ整ってくる。

最後に，「関係機関との連絡・調整」であるが，例えば，定期健康診断の場合には，嘱託医（園医）に連絡をとり，日程の最終調整を行った上で「保健計画の決定」になる。

（4）保健計画の種類

保健計画を作成するにあたっては，保育所の保育の基本計画である「保育課程」をもとに日々の保育に支障を来すことがないよう，無理のない計画を作成しなければならない。また，子どもの発達過程や発達の連続性に配慮し，保育所保育指針に定められた教育に関する保育内容5領域の「健康」との関連性を考慮することも大切である。

保健計画の種類としては，「年間保健計画」「月間保健計画」「クラスごとや月齢別に作成する保健計画」などが考えられる。

（5）保健計画作成の実際

保健計画の様式については，特に法令などで定めはないが，保健目標，活動内容，留意点，保護者への保健指導のほか，年間保健行事や健康教育などが項目として考えられる。また保健計画の作成は，専門的職員が担当することが望ましく，看護師が配置されている場合には，その専門性を生かして業務にあたるようにする。

年間の保健計画は，4月から翌年の3月までの12か月間の計画を立案することとなるが，月ごとまたは期ごとに保健目標を立て，目標に沿った活動内容，留意点，健康教育等が計画される。

年度初めは，子どもたちも新しいクラスや生活に慣れていない時期である。保育所保育指針解説書（保育指針解説書第3章健康及び安全　1．子どもの健康支援（2）健康増進）に「睡眠，食事，遊びなど一日を通した生活リズムを整えることは，心身の健康づくりの基礎となる。保護者の理解と協力を得ながら，家庭と保育所の生活リズムがバランスよく整えられるよう配慮することが大切です」と書かれているが，これをこの時期の保健目標と考えることができる。また，子どもたちが保育所の生活に慣れてきた頃には，「一人ひとりの発育・発達状態や日々の健康状態に配慮しながら，日常的な遊びや運動遊びなどを通

して体力づくりができるよう」な保健目標も考えられる。

　このように保健計画を作成する際には，子どもの実態や状況をよくとらえ，生活リズム，体力づくり，基本的生活習慣，環境衛生等，子どもの健康を総合的にとらえる必要がある。また，排泄の援助や歯磨き習慣など，保護者の協力がなければできないこともあるので，保護者への周知や理解を求めることも大切である。

（6）保健計画の内容

　保健計画とは，園児の一人ひとりが日々を健康に過ごすために立てられる1年間の保健活動の計画である。保健計画によって定められている保健活動は，子どもの成長・発達の特徴を理解して生活リズムを整えることや健康教育を行うこと，その時期に必要とされる適切な援助を行うことなど広範囲にわたる。保健計画の例を表6-2に示す。

　保健活動の質はその後の子どもの成長発達に影響を与えるため，科学的根拠に基づいた正しい知識，技術が求められる。作成にあたっては，乳幼児の成長・発達および家庭，地域の実態，保育所に対する社会の要請，保護者の意向などを把握し，全職員の共通理解と協力体制の構築と組織的に目標を定めた取り組みが必要であることが保育所保育指針に示されている。子どもが生活する住宅の構造も様々であり，遊び場の減少や遊び方も変化している。さらに，社会環境が夜型化し，子どもの生活も夜型化している。就寝時間の遅延，短い睡眠時間は日中の活動にも影響を及ぼす。子どもの発達を視点にすると，自然界のリズムに沿って生活し，保育時間の長短なども考慮した睡眠，食事，遊びなどの生活リズムを整えることは健康づくりの基礎となる。

　子どもの生活実態を把握し，健康な生活リズムを身につけるための家庭との協力，連携，支援と保育所における取り組みが欠かせない。保育所においては，成長・発達途上の子どもの個人差，一人ひとりの健康状態をよく観察しながら，子どもが安心して様々なことに取り組み，充実感や達成感を感じ，意欲的に生き，自らがもつ力を十分に発揮できる環境を整えることが必須である。健康で安全な生活に必要な，基本的な習慣や態度を養い，心身の健康の基礎を培う内容構成と展開を図ることが重要である。

　以上のように目的をもって作成された計画は，全体像が職員間で共有され，

表6-2　保育所における保健計画の例（荒木田，2009）

	目標	行事と計画	留意点	保護者へ伝えること	地域向けその他
4月	気持ちが安定して，健康な園生活をおくることができるような環境づくり	家庭訪問 ギョウチュウ検査 救命訓練4月6日(13時〜15時) 全員の健康診断	発達や健康上の注意点をよく知る 感染症に注意 SIDSについて学習と確認	園の健康管理について 予防接種の勧奨	子育て支援事業の計画づくり
5月	健康な生活リズムをつくる	職員健診 耳鼻科健診(6月10日午後) 歯科健診(5月27日1時半)	事故予防と環境の点検と整備	生活のリズム 室内の清潔(アレルギー予防) 懇談会(15日ひよこ，23日はと，16日あひる)	感染性胃腸炎への対応 生活リズム
6月	手洗いの習慣を身につける	検診後のフォロー 健康教育(パネルシアター) 歯ブラシ，手洗いうがい指導 眼科検診(6月14日9時半)	身体，室内，園庭の衛生に気をつける 中耳炎，感染性胃腸炎，アデノウイルス感染，汗疹，おむつかぶれに注意	歯の健康 発熱，中耳炎への対応 年齢による事故予防	虫歯予防
7・8月	水に親しみながら暑さに対応できる体づくり	プール管理の研修会 救命訓練7月12日(13時〜15時)	プールの衛生管理 夏の疲労，水分摂取に注意 クーラーの調節，蚊対策(散歩の時の服装など) 虫さされ，とびひ，結膜炎に注意	夏の健康について 夏かぜについて	夏かぜ，夏のスキンケア
9月	休養しながら体のリズムを整える	成人病検診	皮膚のケア(とびひ)に注意 空気，水をつかったたんれん	救命救急について 皮膚のたんれんについて	けがの予防 子育て講座 生活リズムづくり
10月	寒さに向かって体づくり	歯ブラシ指導 全員の健康診断 健康教育(パネルシアター)	外遊びの計画，外気や水を利用した体づくりと衣服の調節(足洗い，薄着等) 事故予防と環境整備	体づくりについて	子育て支援のための学習
11月	インフルエンザ予防	手洗い・うがいの練習 感染性胃腸炎への対応確認	気温の変化による鼻水や軽いせき 気温の変化により衣服の調節 皮膚のケア	インフルエンザ予防接種の勧奨と感染性胃腸炎について 皮膚の健康(清潔，乾燥予防)	インフルエンザ予防 全体保護者懇談会
12月	感染症予防の習慣づくり	職員の手洗いなど感染予防 感染予防手順の確認	室温の調節と換気に注意する 大人の手洗い，鼻紙の扱い等手順確認	火傷など家庭での事故対応 インフルエンザについて	感染性胃腸炎への対応 発達の検討
1月	集団感染を防ぐ	手洗い・うがいの練習(がらがらうがい) 1年のまとめと方針 視力測定(満年齢3歳から)	皮膚のケア かぜの初期症状と衣服の調節	はと組懇談会(1月30日)	
2月	寒さに慣れる	卒園児の健診 懇談会	防寒着の調節に注意する。運動の妨げになっていないか，厚すぎないかなど	眼の健康 懇談会あひる組(6日)ひよこ組(27日)	
3月	進級・卒園に向けて	お別れ会(13日) 新入園児面接と健康診断 次年度の計画	気温の変化により衣服の調節 皮膚のケア 事故予防と環境整備	新年度に向けて	予防接種の勧奨

組織的に実践，展開されることで保育の質の向上を図ることにつながる。

2 ── 計画の実施

（1）実施の実際

　保健計画が決定した後は，その計画に盛り込まれた活動内容を計画に沿って実施していくこととなる。一つひとつの保健活動が，適切かつ効果的に実施できるよう，活動ごとに実施計画を立てる必要がある。

　実施計画の目的は，「1．全職員の共通理解を深めること」「2．適切な役割分担を行うこと」「3．全職員の協力体制をつくること」にある。実施計画では，活動のねらい，日時，場所，職員の役割分担，活動の流れ，物品等の準備などを明確にする。

　職員の役割分担と担当者が決まったら，活動日までの準備をする。打ち合わせの時間を設け，当日の活動の流れや当日配付する資料，使用する物品，事前準備の分担などを確認しておく。また，当日使用する用具についても，不具合がないか，安全面に問題がないかなど，事前に準備し，確認しておく必要がある。

　保健活動の実施計画を立てる際には，何を，誰が，どのように準備するのかを一覧にして，全職員の共通理解を深めておくことも重要である。保健計画を適切かつ効果的に実施するためには，職員の協力体制および家庭との連携が必要不可欠である。

（2）職員の協力体制

　保育所全体の健康管理に関しては，所長（園長）が責任者となり，主任保育士，看護師，嘱託医（園医）の協力のもと，受けもつ責任分担と実務分担を決め，組織的に管理することが必要である。嘱託医には，健康診断や病児の治療のみではなく，保健計画作成から参加してもらい，日常的に連絡・連携を密にしておく。全職員に対しても，所長を中心に保育所の保育目標および保健計画目標を話し合い，常に共通理解と協力体制を確立することが大切である。

　また看護職が配置されていない保育所では，巡回の保健師に保健業務を委託する。回数に制限があるため，日頃から職員に健康状態の把握等の知識や技術を伝えておくとよい。

（3）家庭との連携

　「保育所でやるべきこと」「家庭でもがんばってやってほしいこと」など保育所と家庭での役割分担を明確にし，保護者の理解を求める。

　役割分担の内容を保護者と話し合いながら決めていくことが保護者との信頼関係につながり，保育所と家庭が連携して，子どもの育ちを支えていくことにつながる。また日頃から，保護者会や参観日，または「保健だより」等を活用することも大切である。

（4）主な保健活動としての健康診断

①健康診断の趣旨

　健康診断は，児童福祉施設の設備及び運営に関する基準第 12 条の規定に基づき，学校保健安全法（昭和 33 年法律第 56 号）の規定に準じて，身長および体重，栄養状態や脊柱および胸郭の疾病および異常の有無，四肢の状態等の項目について行われる。

　「子どもの心身の健康状態や疾病等の把握のために，嘱託医等により定期的に健康診断を行い，その結果を記録し，保育に活用するとともに，保護者が子どもの状態を理解し，日常生活に活用できるようにすること」と保育所保育指針（第 3 章 1 （2） イ）に示されている。

②健康診断の実施

　嘱託医により以下のことが行われる。

- ・身体発育の評価により，健やかに成長しているかを確認
- ・運動発達に関する評価（発達のゆがみはないか）
- ・問題なく園生活が送れているかを評価
- ・全身の機能を診察し，問題に対する原因究明，精密検査，専門医紹介

　診察に際しては，一人ひとりの子どもの成長・発達状態と健康状態とともに，事前にアンケートをとるなどをして保護者からの質問，相談などを整理しておく。0 歳児クラス児，慢性疾患児，障害児，虐待が疑われる子ども，肥満児等の身体計測の結果は，発育曲線上にプロットしてその点を線で結んでおくことが重要な準備作業となる。他に診察の参考になる情報も用意しておく。

　子どもに負担がかからないようにするため，また，診察がスムーズに流れるように会場を整えることも重要である。

③健康診断の結果

　問題が認められた場合には，嘱託医は担当の保育士に説明し，保育士から保護者に説明し伝える。看護職が在園する場合は，必要に応じて看護職が保育士と一緒に伝えることもある。異常がなかった子どもに対しては，健康カード（毎月の身体計測結果や公的健診の受診日，予防接種状況などについて家庭とやりとりをするカード）などの個別記録にて伝える。

　保護者へは，その日のうちに伝えることが望ましく，全園児の健康状態の結果については園だよりなどで知らせる。受診や治療が必要とされた子どもに対しては，嘱託医，かかりつけ医との連携で適切な対応を図ることが大切である。健康診断の結果は，記録し，日々の健康管理に活用する。控え簿，個人記録ともに記載事項は守秘義務のある個人情報であり，管理には厳重な注意が必要である。

3 ── 保健計画の評価

（1）保健活動の記録と自己評価

　保健計画を踏まえて，保健活動が適切に進められたかどうかを記録することや，実践内容を事実に基づいて記録することで，実践中には気付かなかった自らの言動や行動，子どもの姿などを客観的に振り返り，自己評価することができる。また問題が生じたときにも，客観的な事実の記録が問題の所在を明らかにし，改善策や解決の道筋が示されることも多い。このような記録は，次の計画作成の資料として生かすことができる。

　保健活動記録の様式は特に法令等で定められているわけではないが，保健活動の記録事項としては，日付，天気，担当者名と役割分担，子どもの参加人数（クラス別・男女別人数），活動の目標，ねらい，活動内容，活動場所，環境構成や準備，作成された活動の流れに応じて子どもがどのように動いたか，保育者がどのような援助や配慮をしたか，感想，反省等があげられる。

　保健活動終了時に，保健活動の記録を通して，以下の点について見直すことが大切である。

　　①保健活動が適切に行えたかどうか，子ども一人ひとりの様子や職員の動きなどを振り返り，思い返してみる。

②設定していたねらいや内容が適切であったか，さらには環境構成の見通しと援助が適切であったかなどをあらためて見直す。

（2）保健計画や保健活動の各段階別の評価

　保健活動は，結果として園児の心身の健康の保持増進につながるものである必要がある。保健活動の効果は段階的にあらわれる。保健活動を行うことで，園児や家族の健康についての知識や意識に変化が起こり，それにより目標とする保健水準が達成される。

　目標が十分に達成されない場合，活動の実施の仕方に問題があったか，活動は行われたが意識や行動の変容につながらなかった等の原因があげられる。また，目標の立て方自体が現実的でなかったという場合もありえる。健康の保持増進につながっていくためには，それぞれの段階の計画がよくかみ合っているのがよい。目標がうまく達成できなかったときは，それぞれの段階にどのような無理があったかの検討をすることになる。

　「保健目標および重点目標」「保健計画の内容」「健康教育および保護者への周知事項」「保健管理」「保健活動」について吟味すると，問題把握と解決を現実的なものにしてゆくことができる。見直しの観点は以下のようなものがある。

①「保健目標および重点目標」に関して

　a．「保健目標および重点目標」が，保育所の保育方針および保育目標にあった設定となっていたか。

　b．情報収集が明確になされ，保育所や地域の実態を把握した上での保健目標および重点目標になっていたか。

　c．保健目標および重点目標を設定する際，職員の意見は反映されていたか。

　d．同じく設定の際に，職員の共通理解は得られていたか。

　保健活動を実施しても，全体的に健康状態が改善したような実感が得られなかったり，園の保育実践とかみ合わないような印象があったときは，目標設定段階が適切であったかを検討すると，より良い目標の立て方への発見につながることがある。

　例えば障害を例にとると，障害は多様であり，障害の特性により，また，一人ひとりの発達や置かれている状況により対応が異なる。子どものより良い発達をめざし，適切に対応するためには個別に指導計画を作成することが必要で

ある。個別指導計画が作成されているかどうかを確認し，障害の特性を考慮した適切な内容となっているかを評価する。

②「保健計画の内容」に関して

　　ａ．保健計画が，「健康管理」「健康教育」「保健衛生」等を含む，総合的な基本計画となっていたか。またこれらの内容が，もれなく盛り込まれていたか。

　　ｂ．計画の作成時に，職員の意見が反映されていたか。

　　ｃ．前年度の保健計画に関する評価の結果が生かされていたか。

　保健計画は，おおむね前年度を参考に作成することができるが，前年度実践活動に移した際にどのような評価がなされたかを反映させた計画とすることが必要である。

③「健康教育および保護者への周知事項」の実施に関して

　　ａ．日々の保育の中で子どもたちが健康に関心をもち，適切な行動がとれるよう，科学的根拠に基づいた健康教育を計画していたか。

　　ｂ．発達過程に応じ，体のはたらきや生命の大切さを伝えるなど，基本的な生活習慣や食生活などが身につくよう指導・援助をしていたか。

　　ｃ．行事等において保健指導が計画的，効果的に行われていたか。

　　ｄ．「保健だより」や保護者会等を通して，健康への理解を深めるはたらきかけを計画的に実施していたか。

　　ｅ．個別の保健指導が適切に行われていたか。

　保育指針に記載されている保育内容のうち，０歳「健やかで元気にすごす」1-2歳児，3-5歳児領域「健康」を参考にして計画することで効果的な実践につなげられることが期待できる。

④「保健管理」の実施に関して

　　ａ．健康診断が，法令等に基づき，計画的，効果的に行われていたか。

　　ｂ．健康観察が計画的に行われていたか。

　　ｃ．消毒や感染症予防など，環境衛生が計画的に行われていたか。

　日常的な基本事項であるので，これらを地道に達成させていくことが，さらなる保健活動の充実につながる。

⑤「保健活動」に関する組織的活動

a．職員の協力体制が確立され，活動が円滑に行われていたか。

b．健康や保健に関する保育所内研修が，計画的に行われていたか。

c．家庭との連携が密接に図られているか（情報の把握および提供等）。

d．関係機関や地域社会等との連携が図られているか。

チームでの取り組みの質を向上させるためには，互いに他の職種を尊重し，明確な目標に向かってそれぞれの見地から評価を行い，専門的技術を効率良く提供することが重要となる。

個別的配慮においても，組織的取り組みによって効果が期待できる。保育所は，すべての子どもが，日々の生活や遊びを通してともに育ち合う場であるから，障害のある子どもにとっても安心して生活できる保育環境である必要があり，そのための適切な配慮を行う。障害のある子どもと他の子どもが生き生きと関わり，それを双方にとって有意義な体験としていけるように組織的な対応がなされ，適切な配慮がなされているかを評価する。

（3）マネジメントサイクル

保健活動を計画的継続的に進めるためには，プロセスを重視したマネジメントサイクルを活用すると効果的である。この手法は PDCA サイクルとよばれ注目されている。P（Plan：計画の作成），D（Do：計画の実施），C（Check：評価　目標の達成度・組織活動の妥当性などの検討），A（Action：計画を改善し次につなげる）をまわすことにより継続的な活動が推進される。

実施された保健計画を継続的に改善していくためには，施設長が中心となり，全職員参加のもと保健活動の成果を評価し，評価の結果を踏まえて，次年度にむけて計画を改善することが，保健活動の質の向上へとつながっていく。

節　家庭，自治体母子保健活動，専門機関，地域の関係機関等との連携　

1——育児環境の変化と家庭

育児環境の変化で最も大きなものは，核家族化の進行と共働き世帯の増加と考えられる。かつてのように，大家族の中で祖父母の支援を得ながら子育てを

するという状況から，夫婦のみで子育てをする家庭が多くなり，さらに仕事を
もつ母親が増えた。母親の就業状況の変化に伴い，保育所を利用する子どもは
増加の一途をたどっている。また，長時間労働や休日出勤などで，延長保育や
休日保育も提供されるようになってきているが，その結果，親子が一緒に過ご
す時間が短くなってきている。さらに，病児保育や病後児保育も提供されるよ
うになってきた。家庭での子育て時間短縮とともに，家庭での子育て機能が変
化しており，それは子どもにとっては脆弱になっているともいえる。

　子育ては，自分の思い通りにならない経験のひとつといえる。特に初めての
子どもの場合は常に不安がつきまとう。「里帰り出産」という言葉に象徴され
るように，日本では身近な家族が産後の母子を支援するケースが多く，子育て
のスタートに当たって，情緒的にも物質的にも親の支援が受けられていた。し
かし，近年の出産年齢の高齢化とともに，実父母や義父母が高齢のため里帰り
したくてもできないというケースも増えている。高齢の親へは体力的な問題も
あり頼りたくても頼れない。また，他にも，親自身が健康的な問題を抱えてい
て頼りにするのは難しい，健康ではあるが働いているため里帰りしても支援を
受けられない，さらに上の世代の介護を担っているため支援が受けられないな
ど，親からの支援を受けられない理由も多様化している。

　父親になった男性にとっても，仕事と育児を両立する「イクメン」を期待さ
れてはいるが，30代から40代は職場で責任ある立場になっているケースも多
く，思い通りの「イクメン」は期待できない可能性もある。出産する世代は，
子どもの世話をした経験が少なく，子育ての具体的イメージがないまま親にな
っており，自分の子どもで初めて子どもの世話をすることとなる場合も多いた
め，育児そのものへの不安や負担は大きいといえる。

　また，地域の中での交流も減っており，育児の負担感や不安を減らす助けに
なりにくい。図6-1は，子育て中の親の地域の中での子どもを通じたつきあ
いについて，2002年と2014年のデータを比較している。子どもを預けられる
人がいる，子どもをしかってくれる人がいる，子育ての悩みを相談できる人が
いるなどの割合が大きく減ってきているのがわかる。子育てする親は地域の中
での関係性が希薄化しており，それが親の孤立を招き，子ども虐待の要因にも
つながりかねない。

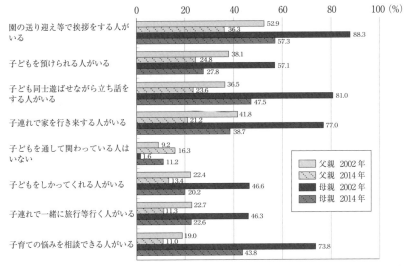

資料：三菱 UFJ リサーチ＆コンサルティング株式会社「子育て支援策等に関する調査（未就学児の父母調査）」(2014 年)

図6-1　子育て中の親の地域の中での子どもを通じたつきあい（厚生労働省，2015）

　子育ては今も昔も変わらず，地域社会との交流や人間関係を広げる機会でもある。子どもを通じて友人が増えたり，子どもの育ちを見守ってくれる近隣の存在があれば，安心して子育てができ子育てに喜びを感じることができるであろう。子育てを始める親が地域とのつながりをもてるきっかけをどうつくっていくかが，現代社会ではより必要になっている。

2 ── 自治体における母子保健活動

　1997（平成9）年4月から，基本的な母子保健サービスは住民に身近な市町村によって一元的に提供されており，市町村保健センターがその拠点となっている。母子保健サービスは主に母子保健法に基づき実施されるが，2016（平成28）年に公布された母子保健法の一部改正で「母性並びに乳児及び幼児の健康の保持及び増進に関する施策を講ずるに当たつては，当該施策が乳児及び幼児に対する虐待の予防及び早期発見に資するものであることに留意する」という文言が加えられ，虐待対策の視点も含めて一体的に実施されている。子育て中

の親が孤立しないような配慮，工夫もされている。また，母子保健は医療機関との連携や，保育や福祉サービスとの連携も重要であり，様々な機会を通して，親子を見守り継続して支援することが重要である。さらに近年では在日外国人の支援の機会も増え，多言語に対応したり，宗教や文化に配慮した支援も求められている。

　以下に，乳幼児に関連する市町村が行う主な母子保健サービスを示す。

（1）乳幼児健康診査

　市町村は，満1歳6か月を超え満2歳に達しない幼児（1歳6か月児健診），満3歳を超え満4歳に達しない幼児（3歳児健診）に対し健康診査を実施しなければならない。また，必要に応じ，乳児もしくは幼児に対して健康診査を行うともされ，乳児健康診査として，ほとんどの市区町村で3〜4か月児健康診査が実施されており，ついで9〜10か月児健康診査が実施されている。1か月児健康診査は出生した医療機関で行われることが多く公的実施率は高くはないが，ほとんどすべての児が受ける健康診査である。

　健診では，疾病のスクリーニングから子どもの発育や発達の確認，生活習慣の確立に向けた支援，子育て支援につなげる保健指導などが行われ，実施される月齢や年齢に応じた発育発達が遂げられているかを確認する。

　また，特定の疾病や状況の把握のみならず，総合的な健康診断の場でもあるため，社会面も考慮した把握，そして医師，歯科医師，保健師，助産師，管理栄養士，歯科衛生士，心理相談担当者等多職種との出会いの場として，継続的な支援につながる工夫もされていることが多い。

（2）乳幼児育児相談・指導事業

　市町村は，母子保健法で乳幼児の保護者に対し，妊娠・出産・育児に関する必要な保健指導を行い，医師，歯科医師，助産師，保健師について保健指導を受けることを勧奨しなければならないとされており，様々な機会を通じて保健指導が実施されている。乳幼児健診の機会のほかにも，離乳食教室・相談，歯に関する指導や相談，子どもの発達に関する相談などを開催していることが多い。

　また，子育て世代包括支援センターにおいて，保健師等が適宜個別の相談にものっている。

（3）新生児訪問指導，未熟児訪問指導

　新生児訪問は，育児上必要があると認められるとき，新生児の保護者を医師，保健師，助産師などが訪問を実施することができるものである。主に市町村から委託された助産師や保健師が実施している。訪問を継続する必要がある場合は，乳幼児の家庭訪問を継続することができる。新生児訪問は出産後不安の高まる時期に専門家が家庭を訪問するため，個別の不安や困りごとを相談することができ効果的である。

　未熟児訪問事業の対象者は，未熟児養育医療申請者や低出生体重児（出生体重が2500ｇ未満で出生した児）の届出によって把握される。未熟児は生理的に未熟である上，様々な疾病にかかりやすく（あるいはすでに疾病を有している），養育上細やかな注意が必要とされ，また育児上の困難も多いため，未熟児の特性に配慮した適切な指導が必要である。新生児集中治療室（NICU）に入院していた場合などは，出生直後から母親と分離して管理されているということもあり，親子の愛着形成の時間が少なく，親が子どもを直接ケアする機会も少ないまま退院する場合も多いため，親にとっても不安が大きい。親の心理面にも配慮した訪問指導が必要である。

（4）乳児家庭全戸訪問事業

　新生児訪問とは別に乳児家庭全戸訪問事業（こんにちは赤ちゃん事業）が2009（平成21）年度より実施されている。この訪問事業は児童福祉法に位置づけられ，生後4か月以内の子どもがいる家庭を全数訪問する事業であり，健康状態の確認，健康や子育てに関する相談，子育て支援に関する情報提供などを行う。出生届をもとに訪問するため申請の必要はない。この訪問事業が創設された意図は虐待の早期発見と対応のためであり，訪問者は助産師や保健師などの保健医療専門職，保育士のほか，児童委員や母子保健推進員などの非専門職の住民であったりと，市町村によって様々である。新生児訪問等とあわせて行ってよいとされている。

（5）養育支援訪問事業

　養育支援訪問事業も児童福祉法に基づく訪問事業である。要保護児童対策地域協議会において，若年妊娠や妊婦健康診査未受診や望まない妊娠などで，妊娠期からの継続的な支援が特に必要であると判断された家庭に対し，保健師，

助産師，保育士等が居宅を訪問し，養育に関する指導，助言などを行い，適切な養育の実施を確保することを目的に行われている。対象者は，様々な母子保健事業や医療機関等からの情報提供，関係機関からの連絡・通告等により把握される。

3 ──「健やか親子 21」の課題と取り組み

2000（平成 12）年，21 世紀の母子保健の主要な取り組みの方向性を示し，関係機関・団体が一体となって推進する国民運動計画として「健やか親子 21」が策定された。当時，基本的視点として，次の 4 点が示された。

① 20 世紀中に達成した母子保健の水準を低下させないために努力する（母子保健システムの質・量の維持等）

② 20 世紀中に達成しきれなかった課題を早期に克服する（乳幼児の事故死亡率，妊産婦死亡率等の世界最高水準の達成等）

③ 20 世紀終盤に顕在化し 21 世紀にさらに深刻化することが予想される新たな課題に対応する（思春期保健，育児不安と子どもの心の発達の問題，児童虐待等の取組の強化等）

④ 新たな価値尺度や国際的な動向を踏まえた斬新な発想や手法により取り組むべき課題を探求する（ヘルスプロモーションの理念・方法の活用，根拠に基づいた医療（EBM）の推進，生活の質（QOL）の観点からの慢性疾患児・障害児の療育環境の整備や妊娠から出産に至る環境の整備，保健・医療・福祉・教育・労働施策の連携等）

「健やか親子 21」の基本理念はヘルスプロモーションであり，安全な妊娠・出産と子育てのために専門家が手取り足取り指導していたこれまでの活動から，親が仲間とともに妊娠・出産・育児を通して人間として成長しながら，親子で豊かな人生を送れるよう，関係者，関係機関・団体が一体となって取り組むというように方向性が示された。そして，次の 4 つの主要課題のもと，2 回の中間評価を実施し，2014（平成 26）年度までの 14 年間展開された。主要課題は，以下の通りであり，それぞれの課題に数値目標を掲げた指標が示され取り組みが行われた。

①思春期の保健対策の強化と健康教育の推進

②妊娠・出産に関する安全性と快適さの確保と不妊への支援

③小児保健医療水準を維持・向上させるための環境整備

④子どもの心の安らかな発達の促進と育児不安の軽減

　その結果，最終年度前年に実施された最終評価においては，8割の指標について達成あるいは改善したと評価された。しかし，数値的には達成・改善しているが課題の残る指標もあり，新たな指標も加え，2013（平成25）年に「健やか親子21（第2次）」が策定された。

　「健やか親子21（第2次）」では，10年後にめざす姿として「すべての子どもが健やかに育つ社会」が掲げられ，その実現のために，日本全国どこで生まれても一定の質の母子保健サービスが受けられ，かつ生命が守られるという地域間での健康格差を解消すること，疾病や障害，経済状態等の個人や家庭環境の違い，多様性を認識した母子保健サービスを展開することとしている。

　その上で，3つの基盤課題と2つの重点課題が示された。

○基盤課題A　切れ目ない妊産婦・乳幼児への保健対策

○基盤課題B　学童期・思春期から成人期に向けた保健対策

○基盤課題C　子どもの健やかな成長を見守り育む地域づくり

・重点課題①　育てにくさを感じる親に寄り添う支援

・重点課題②　妊娠期からの児童虐待防止対策

　「健やか親子21（第2次）」は2015（平成27）年度より取り組みがスタートし，2019（令和元）年8月には中間評価が行われた。検討会で主な課題とされた内容は，妊産婦のメンタルヘルスケアや十代のメンタルヘルスケア，父親の育児参加に関する状況の変化，十代の性に関する課題，子どもの食生活等生活習慣に関する課題などである。2つの重点課題のテーマである発達障害と虐待については，量に加えて質的な改善も求められた。

　保育分野との関係が深いのは，子どもの生活習慣に関することや，重点課題となっている発達障害の支援や虐待予防についてである。特に，虐待予防においては，「体罰や暴言，ネグレクト等によらない子育て」を進めるために，まずは親や，親を支援する立場の者に対して，そのような子育ての方法を伝えることが重要であることも報告書に明記された。

4 ── 子育て世代包括支援センター

　2016（平成28）年の児童福祉法ならびに母子保健法の改正で，妊娠や子育ての不安，孤立等に対応し，子ども虐待のリスクを早期に発見，逓減するため市町村は子育て世代包括支援センター（法律上は「母子健康支援センター」）を設置するよう努めなければならないと明記された。子育て世代包括支援センターでは，保健師等の専門職がすべての妊産婦等の状況を継続的に把握し，情報の一元化を図り，必要に応じて関係機関と協力して支援プランを策定することにより，妊産婦等に対しきめ細かな支援を行う。

　先行して，2014（平成26）年度より妊娠・出産包括支援モデル事業がいくつかの市町村において実施され，当初は，母子保健コーディネーターを配置し，すべての妊産婦の状況把握と，要支援者への支援プランの作成，また，子育て経験者等が子育ての相談にのる産前・産後サポート事業と，産後早期の母親の心身のケアや育児サポートを行う産後ケア事業が必須事業として実施された。

　その後，産前・産後サポート事業および産後ケア事業は任意事業として実施されていたが，産後ケア事業については，2019（令和元）年の母子保健法の一部改正により法制化され，その実施は市町村の努力義務として規定された。産後ケア事業については，地域の助産師会や産科医療機関・助産所等に委託して実施される場合が多い。産後ケアの種類としては，施設に宿泊して産後ケアを受ける方法（短期入所型，ショートステイ），施設において日帰りで産後ケアを受ける方法（通所型，デイケア），家庭訪問で産後ケアを受ける方法（居宅訪問型，アウトリーチ）がある。

　産後ケア事業の実施に市町村と産後ケア実施事業者間の連携は欠かせず，出産直後からの支援の充実を図るとともに，社会的なハイリスク妊産婦の把握や継続的な支援が手厚くなってきている。まだすべての市町村で実施されていないが，国は2024（令和6）年度末までの全国展開をめざすとしている。

5 ── 保健と福祉の連携

　地域において保健分野と福祉分野との連携は重要で，児童虐待予防のための一義的な窓口は市町村が担うこととなったため，母子保健分野における虐待防

止対策はますます重要な課題となっている。特に，2007（平成19）年度から始まった乳児家庭全戸訪問事業は，母子保健法に基づく新生児訪問事業との連携，調整を図り，その地域の人材やネットワークの中で実施されている。また，養育支援訪問については，若年妊婦や望まない妊娠など継続的な支援を要する家庭への訪問を，福祉部門との連携を図りながら実施している。

　離婚の増加や死別などによる一人親家庭の増加も課題である。一人親家庭は生活基盤が脆弱であることが多く，子どもの健全な発育のためには様々な配慮が必要となる。就業による自立支援，子育てと生活の支援，養育費確保支援，経済的支援などが進められる。特に保育所への優先入所などが行われ，福祉分野が中心となりながら支援が行われる。

6 ── 専門機関，地域の関係機関等との連携

（1）医療機関等との連携

　出産施設である医療機関は，妊婦健診や出産による入院期間中のケア，保健指導の機会を通じて妊産婦等の情報を把握しやすい。出産後の子どもの養育について出産前において支援を行うことが特に必要と認められる妊婦のことを特定妊婦といい，具体的には，経済基盤が不安定，家族構成が複雑，親の知的・精神的障害などで育児困難が予測される場合などがある。特定妊婦の支援は，医療機関，保健機関，福祉機関の多機関連携が必要である。医療機関を退院後にも切れ目なく支援がつながるように，本人の同意を得て，保健機関への情報提供がなされることが多い。

　また，未熟児や障害をもつ子ども，在宅で医療の必要な子どもについても，保健機関等と連携しながら，医療機関を退院後も安心して地域で子育てができるよう配慮する必要がある。最近は，保育所での医療的ケア児の受け入れなども進められ，さらなる体制整備が望まれている。

（2）地域の子育て支援や NPO との連携

　公共施設や保育所，児童館などの地域の身近な場所で，子育て中の親子の交流促進や育児相談などを行い，子育ての孤立感，負担感の解消を図り，すべての子育て家庭を地域で支える仕組みとして，地域子育て支援拠点事業が拡充されてきた。身近な場所で，ちょっと立ち寄れる，ちょっと相談できる場は安心

して子育てを行っていく上で大切である。同じ悩みをもつ仲間づくりの場にもなっている。

　こういった子育て支援拠点の運営など子育て支援に関わるNPO（nonprofit organization）は数多く存在し，育児サークルから，NPO法人として行政からの委託事業や民間企業との協働事業を行う組織まで多岐にわたる。NPO法人やグループによる育児支援は，ピア・サポート，すなわち仲間同士の助け合いである。自分たちで悩みを共有し，その中で助け合い育ち合うことができる。子育て中の親子を対象にしたイベントを開催したり，妊娠中の女性や子育て中の親子が利用しやすい施設や，妊婦や親子連れに対して特典を提供する施設を紹介する活動などを行っているNPOもある。地域の中で孤立した親子をつくらないよう，親子が参加しやすい場づくりをしていることが多く，ちょっとした悩みが相談できたり，仲間づくりを促してくれたりする。

　さらに，市町村では，ファミリー・サポート・センター事業なども行われている。この事業は，乳幼児や小学生等の子育て中の労働者や主婦等を会員として，子どもを預かってほしい人（依頼会員）と援助したい人（提供会員）とをマッチングし相互援助活動を行う。援助を受けることと行うことの両方を希望する場合には，両方の会員になることもできる。

　また，日常生活上の突発的な事情や社会参加などにより，一時的に家庭での保育が困難となった乳幼児を保育所等で一時的に預かる事業も市町村によっては行われている。

（3）住民組織との連携

　多くの市町村では，愛育班や母子保健推進員といった，子育て支援を行う住民主体の組織があり，妊産婦から子育て期において，親たちの身近な相談役として活躍している。愛育班員や母子保健推進員は顔の見える関係を大切にしながら，寄り添いや傾聴を行い，支援が必要な妊産婦や親に対しては，市町村保健師とともに関わっていく。

　また，民生委員は，児童福祉法に基づいて，児童委員を兼ね，地域の児童および妊産婦の健康状態・生活状態を把握して，必要な援助を受けられるようにしたり，福祉サービスを行う者との連絡調整を行うことを職務としている。母子家庭をはじめとする要保護家庭の見守りや相談などに関わることが多いが，

愛育班や母子保健推進員と同様，支援が必要な妊産婦や親に対して，母子保健
担当部局や福祉事務所などと連携しながら関わっている。

研究課題

1．自治体において，保育所が様々な機関と連携して行う母子保健活動について考えてみよう。
2．保健計画や指導計画の中で保健活動がどのように位置づけられているか考えてみよう。
3．ベビーカーで外出できる範囲をイメージしながら，乳幼児を連れて気軽に外出できる子育て支援や相談の場所を探してみよう。

推薦図書

●『特集：健やか親子21（第2次）（母子保健情報誌，第1号）』　厚生労働省雇用均等・児童家庭局母子保健課（編集協力）　日本家族計画協会
●『七訂　母子保健法の解釈と運用』　厚生労働省子ども家庭局母子保健課（監修）　中央法規出版
●『ネウボラ　フィンランドの出産・子育て支援』　高橋睦子　かもがわ出版

◆◆◆子どもの保健に関する web サイト◆◆◆

栄養摂取・食事関連

●授乳. 離乳の支援ガイド（2019 年改定版）（厚生労働省）
https://www.mhlw.go.jp/content/11908000/000496257.pdf
授乳・離乳の望ましい支援のあり方と基本的事項をまとめたもの。0 歳児保育を担当する場合に有用。

●市販品特殊ミルクリスト（母子愛育会）
http://www.boshiaiikukai.jp/img/milk/H30/shihan_milklist_201711.pdf
通常の調整粉乳では体調不良が起こる場合，代わりに用いられる粉乳についてのリスト。

●保育所における食事の提供ガイドライン
https://www.mhlw.go.jp/bunya/kodomo/pdf/shokujiguide.pdf
子どもの食をめぐる現状，保育所における食事の提供の意義，具体的なあり方，評価，具体的事例で構成されている。

●保育所におけるアレルギー対応ガイドライン（2019 年改訂版）
https://www.mhlw.go.jp/content/000511242.pdf
基本編では，保育所における基本的なアレルギー対応，緊急時の対応，保育所における各職員の役割，医療関係者及び行政の役割と関係機関との連携，保育所における食事の提供に当たっての原則，誤食の防止を，実践編では食物アレルギーや気管支ぜん息，アトピーへの対応の手順が解説されている。

健康管理関連

●保育所・こども園保健計画事例集（厚生労働省）
http://www.h-sps.jp/hoiku_jirei_2009.pdf
乳幼児を保育する園は，厳密な感染症対策が求められるとともに，子どもの健康の基礎を作り，保護者を含めて，健康的な生活習慣の確立を支援するために保健指導や健康教育を実施することが求められる。この一連の活動において，基礎となる事例集を掲載している。

●医療的ケアを必要とする子どもの保育実践事例集（全国保育士会）
https://www.z-hoikushikai.com/about/siryobox/book/iryotekicare.pdf
保育所・認定こども園での，日々の生活を営むために日常的な医療的ケアや医療行為，医療機器を必要とする「医療的ケア児」の医療的ケアへの対応やさまざまな配慮，周囲の子どもたちとともにさまざまな経験ができるよう行った工夫等が，事例ごとにまとめられている。

●予防接種スケジュール（国立感染症研究所）
https://www.niid.go.jp/niid/ja/schedule.html
乳児期から老年期にかけて，国内の定期・任意予防接種のスケジュールが，ワクチン・年齢ごとに示されている。

●厚生労働省医政局長通知　福祉施設での与薬について（厚生労働省）
https://www.mhlw.go.jp/stf2/shingi2/2r9852000000g3ig-att/2r9852000000iiut.pdf
福祉施設の職員が，家族に替わって利用者にも与薬することが出来るようになった。保育所でも，家族に替わって園児に与薬することがある。与薬が可能な条件などが解説されている。

事故・中毒・感染関連

●年齢別事故防止（こそだて）
https://www.kosodate.co.jp/miku/vol38/accident.pdf
0歳から6歳の子どもの発達と起きやすい事故，年齢別の注意点を示している。

●子どもの事故と発達（国立医療科学保健院）
https://www.niph.go.jp/soshiki/shogai/jikoboshi/public/pdf/manual03.pdf
0歳から5歳の子どもの期ごとの発達の特色と，起こりやすい事故の具体例をあげている。

●子どもの事故防止ハンドブック（消費者庁）
https://www.caa.go.jp/policies/policy/consumer_safety/child/project_002/
0歳から6歳の子どもの，予期せず起こりやすい事故とその予防法，もしもの時の対処法のポイントをまとめている。

●中毒事故発生時の対応（日本中毒情報センター）
https://www.j-poison-ic.jp/general-public/response-to-a-poisoning-accident/
事故が起こったときに家庭（保育現場）でできること，やってはいけないことを紹介している。

●保育所における感染症対策ガイドライン（2018年改訂版）（厚生労働省）
https://www.mhlw.go.jp/file/06-Seisakujouhou-11900000-Koyoukintoujidoukateikyoku/0000201596.pdf
感染症に関する基本的事項，感染症の予防，感染症の疑い時・発生時の対応，感染症対策の実施体制について解説。

●保育現場のための新型コロナウイルス感染症対応ガイドブック第1版
（全国保育園保健師看護師連絡会）
https://www.hoiku-kango.jp/wp-content/uploads/2020/05/%E4%BF%9D%E8%82%B2%E7%8F%BE%E5%A0%B4%E3%81%AE%E3%81%9F%E3%82%81%E3%81%AE%E6%96%B0%E5%9E%8B%E3%82%B3%E3%83%AD%E3%83%8A%E3%82%A6%E3%82%A4%E3%83%AB%E3%82%B9%E6%84%9F%E6%9F%93%E7%97%87%E5%AF%BE%E5%BF%9C%E3%82%AC%E3%82%A4%E3%83%89%E3%83%96%E3%83%83%E3%82%AF%E7%AC%AC1%E7%89%88-2.pdf
保育所等での新型コロナウイルス感染症の感染拡大が懸念される中で，保育現場でどのように対応していくかを解説した現場で役立つ具体的な手引き。

引用（参考）文献

■第1章
巷野悟郎（監修）　日本保育保健協議会（編）　2013　最新　保育保健の基礎知識　第8版改訂　日本小児医事出版社

■第2章
厚生労働省　2018　保育所における感染症対策ガイドライン（2018年改訂版）
　　https://www.mhlw.go.jp/file/06-Seisakujouhou-11900000-Koyoukintoujidoukateikyoku/0000201596.pdf（閲覧日：2020年5月22日）
厚生労働省　2019　保育所におけるアレルギー対応ガイドライン（2019年改訂版）
　　https://www.mhlw.go.jp/content/00511242.pdf（閲覧日：2020年9月1日）

■第3章
Holmberg, M., Holmberg, S., & Herlitz, J. 2000 Effect of bystander cardiopulmonary resuscitation in out-of-hospital cardiac arrest patients in Sweden. *Resuscitation*, 47(1), 59-70.
鴨下重彦・柳澤正義（監修）　2006　こどもの病気の地図帳　講談社
環境省　2018　熱中症環境保健マニュアル2018
　　https://www.wbgt.env.go.jp/pdf/manual/heatillness_manual_full.pdf（閲覧日：2020年5月22日）
厚生労働省　2016　教育・保育施設等における事故防止及び事故発生時の対応のためのガイドライン
　　https://www8.cao.go.jp/shoushi/shinseido/law/kodomo3houan/pdf/h280331/taiou.pdf（閲覧日：2020年2月10日）
厚生労働省　2018　保育所における感染症対策ガイドライン（2018年改訂版）
　　https://www.mhlw.go.jp/file/06-Seisakujouhou-11900000-Koyoukintoujidoukateikyoku/0000201596.pdf（閲覧日：2020年5月22日）
レールダル・メディカル・ジャパン
　　https://www.laerdal.com/jp/products/medical-devices/airway-management/laerdal-face-shield/（閲覧日：2020年5月19日）
中野綾美（編）　2019　小児の発達と看護　第6版　ナーシンググラフィカ　小児看護学1　メディカ出版
奈良間美保（著者代表）　2020　系統看護学講座　専門分野II　小児看護学［1］　小児看護学概論　小児臨床看護総論（第14版）　医学書院
日本中毒情報センター　2019　中毒事故発生時の対応　中毒事故が起こったら（家庭でできること，やってはいけないこと）
　　https://www.j-poison-ic.jp/general-public/response-to-a-poisoning-accident/at-home/（閲覧日：2020年2月10日）
日本学校保健会　学校保健ポータルサイト
　　https://www.gakkohoken.jp/freeillust/freeillusts（閲覧日：2020年2月10日）
日本救急医学会　2015　熱中症に関する委員会　熱中症診療ガイドライン2015
　　https://www.jaam.jp/info/2015/pdf/info-20150413.pdf（閲覧日：2020年2月10日）
日本整形外科スポーツ医学会広報委員会（監修）　スポーツ損傷シリーズ3　スポーツ外傷の応急処置（RICE処置）
　　http://jossm.or.jp/series/flie/003.pdf（閲覧日：2020年2月10日）
日本蘇生協議会（監修）　2016　JRC蘇生ガイドライン2015　医学書院
日本小児科学会　2006　お母さんのための救急＆予防ノート　子どもの救急
日本小児神経学会（監修）　熱性けいれん診療ガイドライン策定委員会（編集）　2015　熱性けいれん診療ガイドライン2015　診断と治療社
新保育士養成講座編纂委員会（編）　2012　子どもの保健　新保育士養成講座　第7巻　全国社会福祉協議会
心肺蘇生法委員会（監修）　2016　救急蘇生法の指針2015　市民用・解説編　へるす出版
鈴木美枝子（編著）　2012　これだけはおさえたい！　保育者のための子どもの保健II　創成社

■第4章

国立感染症研究所　感染症情報センター
　http://idsc.nih.go.jp/vaccine/dschedule/2012/ImmJP12.pdf（閲覧日：2020年5月19日）
厚生労働省　2018　保育所における感染症対策ガイドライン（2018年改訂版）
　https://www.mhlw.go.jp/file/06-Seisakujouhou-11900000-Koyoukintoujidoukateikyoku/0000201596.pdf（閲覧日：
　2020年5月22日）

■第5章

橋本俊顕（編）　2008　脳の形態と機能で理解する自閉症スペクトラム　診断と治療社
本田秀夫・日戸由刈（監修）　2016　自閉症スペクトラムの子のソーシャルスキルを育てる本（幼児・小学生編）
　講談社
岩坂英巳・中田洋二郎・井潤知美（編著）　2004　AD/HDのペアレントトレーニングガイドブック―家庭と医療
　機関・学校をつなぐ架け橋―　じほう
巷野悟郎（編）　2018　子どもの保健（第7版追補）　診断と治療社
厚生労働省　2019　保育所におけるアレルギー対応ガイドライン（2019年改訂版）
栗原まな　2004　眼で見る小児のリハビリテーション　診断と治療社
森　則夫・杉山登志朗・岩田泰英（編著）　2014　臨床家のためのDSM-5虎の巻日本評論社
斎藤万比古・小枝達也・本田秀夫（編著）　2017　ライフサイクルに沿った発達障害支援ガイドブック　診断と治
　療社
田中和代・岩佐亜紀　2008　高機能自閉症・アスペルガー障害・ADHD・LDの子のSSTの進め方　黎明書房
寺田清美・大方美香・塩谷香（編）2019　乳幼児保育Ⅰ・Ⅱ（新基本保育シリーズ15）　中央法規出版

■第6章

秋山千枝子（編）　2018　保育士等キャリアアップ研修テキスト5　保健衛生・安全対策　中央法規出版
荒木田美香子　2009　保育園・こども園保健計画事例集
　http://www.h-sps.jp/hoiku_jirei_2009.pdf（閲覧日：2020年5月22日）
市川香織　2018　出産した女性が親になっていく過程をサポートする産後ケア　第4回なぜ産後ケアが必要なの
　か　MEDEX JOURNAL, 184, 4-5.
我部山キヨ子（編）　助産学講座9　地域母子保健・国際母子保健　第5版　医学書院
厚生労働省　2015　平成27年版厚生労働白書―人口減少社会を考える―
　https://www.mhlw.go.jp/wp/hakusyo/kousei/15/dl/all.pdf（閲覧日：2020年5月22日）
文部科学省　2000　健やか親子21検討会報告書―母子保健の2010年までの国民運動計画―
　https://www.mhlw.go.jp/www1/topics/sukoyaka/tp1117-1_c_18.html#1-2（閲覧日：2020年9月29日）
厚生労働省　健やか親子21最終評価報告書
　https://www.mhlw.go.jp/file/05-Shingikai-11901000-Koyoukintoujidoukateikyoku-Soumuka/0000030082.pdf
　（閲覧日：2020年2月19日）

索　引

執筆者一覧

■編集委員——民秋　言（白梅学園大学名誉教授）

　　　　　　小田　豊（聖徳大学）

　　　　　　栃尾　勲

　　　　　　無藤　隆（白梅学園大学名誉教授）

　　　　　　矢藤誠慈郎（和洋女子大学）

■編　　者——加藤則子・菅井敏行

【執筆者】（執筆順）

加藤　則子（編者）	第1部1節，第5章2節，第6章1節・2節
神尾美香子（社会福祉法人蒼生会　認定こども園モモ）	第2章
岡光　基子（東京医科歯科大学大学院）	第3章1節・2節
矢郷　哲志（東京医科歯科大学大学院）	第3章3節
菅井　敏行（編者）	第4章，第5章1節・2節
津田　芳見（徳島赤十字ひのみね総合療育センター）	第5章3節
市川　香織（東京情報大学）	第6章3節

編者紹介

加藤則子（かとう・のりこ）
　　1979 年　東京大学医学部卒業
　　1980 年　都立築地産院小児科
　　1981 年　国立公衆衛生院母性小児衛生学部乳幼児衛生室
　　現　在　十文字学園女子大学人間生活学部教授
〈主　著〉ふたごの妊娠・出産・育児（監修）　ビネバル出版　1991 年
　　　　　子育ても仕事も捨てられない　メディサイエンス社　1995 年
　　　　　すぐ役立つ双子・三つ子の保健指導 Book（編著）　診断と治療社　2005 年
　　　　　現場で役立つラクラク成長曲線（編著）　診断と治療社　2007 年
　　　　　トリプルP　前向き子育て 17 の技術（共編著）　診断と治療社　2010 年
　　　　　保育士等キャリアアップ研修テキスト 5　保健衛生・安全対策（分担執筆）　中
　　　　　　央法規　2018 年
　　　　　子どもの健康と安全（新基本保育シリーズ）（分担執筆）　中央法規　2019 年

菅井敏行（すがい・としゆき）
　　1996 年　埼玉大学理学部生体制御学科卒業
　　2004 年　横浜市立大学大学院医学系研究科内科系小児科学博士課程修了
　　2014 年　東邦大学医学部看護学科卒業
　　現　在　広島大学大学院 地域・在宅看護開発学准教授
〈主　著〉小児看護学事典（分担執筆）日本小児看護学会　2006 年
　　　　　新保育士養成講座第 3 巻　児童家庭福祉（分担執筆）　全国社会福祉協議会
　　　　　　2011 年
　　　　　性の健康と相談のためのガイドブック（分担執筆）　中央法規　2014 年
　　　　　不妊と MAR（医療的に補助される生殖）における日常的な心理社会的ケア-生殖
　　　　　医療スタッフのためのガイド（分担翻訳）日本生殖心理学会　2020 年

新 保育ライブラリ　保育の内容・方法を知る

子どもの健康と安全

2021年3月15日　初版第1刷印刷	定価はカバーに表示 してあります。
2021年3月31日　初版第1刷発行	

編　著　者	加　藤　則　子	
	菅　井　敏　行	
発　行　所	㈱北大路書房	

〒603-8303　京都市北区紫野十二坊町12-8
電　話　(075) 4 3 1 - 0 3 6 1代
ＦＡＸ　(075) 4 3 1 - 9 3 9 3
振　替　0 1 0 5 0 - 4 - 2 0 8 3

©2021　　　　　　　　　　　印刷・製本／創栄図書印刷㈱
検印省略　落丁・乱丁本はお取り替えいたします

ISBN978-4-7628-3149-2　　　Printed in Japan

新 保育ライブラリ

子どもを知る／保育の内容・方法を知る／保育・福祉を知る／保育の現場を知る

■編集委員■ 民秋 言・小田 豊・栃尾 勲・無藤 隆・矢藤誠慈郎
A5 判・160 〜 230 頁・本体価格 1800 〜 2000 円

平成 29 年告示「幼稚園教育要領」「保育所保育指針」「幼保連携型認定こども園教育・保育要領」対応

保育の内容・方法を知る
子どもの健康と安全

加藤則子・菅井敏行 編著

A5 判・176 頁・本体価格 1900 円

保育の場での健康と安全の推進に関する実践的内容を解説。医学や看護の知識のみならず現場の実践へ直結した知識と技能を養う。

保育の内容・方法を知る
保育の計画と評価

北野幸子 編著

A5 判・224 頁・本体価格 1900 円

カリキュラムの内容，その計画と評価の意義と実践の仕方を概説。記録に親しみ，記録を大いに活用できる力量を形成するために。

子どもを知る
子どもの保健

加藤則子・布施晴美 編著

A5 判・180 頁・本体価格 1900 円

子どもの心身の健康を守るための保健活動の意義，健康状態の把握と病の予防・対応等，医学や看護の知識・技術をわかりやすく解説。

子どもを知る
子どもの食と栄養 ［新版］

二見大介・齋藤麗子 編著

A5 判・212 頁・本体価格 1800 円

2020 年版食事摂取基準や 2019 年改訂版授乳・離乳の支援ガイドにも対応。子どもの食と栄養の体系的理解と実践化に向けて。

子どもを知る
子どもの理解と援助

清水益治・無藤 隆 編著

A5 判・164 頁・本体価格 1800 円

新保育士養成課程，教職課程コアカリ「幼児理解の理論及び方法」に対応。子ども理解の視点・方法と援助のあり方を解説。

保育・福祉を知る
保育者論 ［第 3 版］

福元真由美・笠間浩幸・柏原栄子 編著

A5 判・200 頁・本体価格 1800 円

子どもの幸せと成長に資するための保育者としてのあり方や，時代と共に変わる保育の実態にも機敏に対応できる専門性を考える。

保育・福祉を知る
子ども家庭福祉

植木信一 編著

A5 判・196 頁・本体価格 1800 円

子どもや家庭の福祉に関する動向を踏まえ，最新の情報を提供。保育者養成への活用はもとより保育者として活躍されている方にも。

保育・福祉を知る
社会的養護 Ⅰ

宮﨑正宇・大月和彦・櫻井慶一 編著

A5 判・176 頁・本体価格 1800 円

改正児童福祉法や新しい社会的養育ビジョンの公表等を受け，最新の情報を加筆。施設での多様な事例も紹介。